丛书编委会

总　策　划：来新国　王文成

编委会主任：郭齐勇　周晓亮

编　　　委：来新国　陈知涯　张　彧　尹格韬　沈　众

王文成　孟淑贤　周长志　罗养毅　秦　丹

乌　琛

潘尼迦

宋德星　胡二杰　著

大家精要

Panikkar

陕西师范大学出版总社

图书代号 SK16N1496

图书在版编目（CIP）数据

潘尼迦/宋德星，胡二杰著. —西安：陕西师范大学
出版总社有限公司，2017.1（2024.1重印）
（大家精要）
ISBN 978-7-5613-7360-6

Ⅰ. ①潘… Ⅱ. ①宋… ②胡… Ⅲ. ①潘尼迦—
传记 Ⅳ. ①K833.517=5

中国版本图书馆CIP数据核字（2016）第308989号

潘尼迦　PANNIJIA

宋德星　胡二杰　著

责任编辑	郑若萍
责任校对	陈柳冬雪
封面设计	张潇伊
出版发行	陕西师范大学出版总社
	（西安市长安南路199号　邮编710062）
网　址	http://www.snupg.com
印　制	永清县晔盛亚胶印有限公司
开　本	650 mm×930 mm　1/16
印　张	10
字　数	100千
版　次	2017年1月第1版
印　次	2024年1月第2次印刷
书　号	ISBN 978-7-5613-7360-6
定　价	45.00元

读者购书、书店添货或发现印刷装订问题，请与本公司销售部联系、调换。
电话：（029）85303879　　传真：（029）85307864　85303629

目 录

导　论

　　20 世纪前半期是一个催生伟大人物的时代，对于印度来说亦是如此。尽管这一时期印度人最引以为豪的是"圣雄"甘地的不朽思想和开国总理尼赫鲁的历史性贡献，但其他杰出人物的杰出成就和独特的经历同样为人们所敬仰。可以说，人们之所以能够铭记那些伟大的名字，是因为他们创造的非凡业绩。K. M. 潘尼迦（Kavalam Madhava Panikkar）就是印度杰出人物谱系中的一位。

　　K. M. 潘尼迦一生经历丰富，曾先后出任大学教授、报社编辑、土邦谋臣、驻外使节等职，同时又是一位高产的马拉雅拉姆语文学家，一位享有世界声誉的历史学家和海权思想家。如果目光仅停留在他丰富多彩的职业生涯和汗牛充栋的著述文字表面，我们似乎很难对潘尼迦形成一个完整的认识。在这种五彩斑斓的表象下面，我们发现有一种一以贯之的信念在支撑着潘尼迦的生平事业和言行，那就是强烈的爱国情怀和政治热情。而催生这一情怀和热情的力量，在于印度国家不同寻常的独立进程，更在于潘尼迦个人不同寻常的奋斗经历及其不同寻常的历史观。

　　作为一位民族主义者和历史学家，潘尼迦对历史有着自己独特的看法，即不认同于历史循环或持续进步的观点。在他看来，任何国家的历史，也不能被认为是伟人大检阅，或是进步的洪流，一代比一代浩大。"一个国家的历史，除非它所涉及的是一个民族自觉的努力去创造一种文明，来达到更好的标准，争取更幸福和更高尚的生活，否则它是没有价值的。"在潘尼迦心中，印度历史，从最早的日子起，就是这种努力的记录。及至两次世界大战之间，南亚次大陆风谲云诡，政治生态复杂多变。英国人、印度教徒、穆斯林三方博弈激烈，大英帝国及其总督、国大党、穆斯林联盟、土邦王公，各自盘算着自己的目标和利益，并力图渔翁得利。在潘尼迦看来，在这场政治斗争中，最大的政治毫无疑问就是印度国家的独立，因为它昭示了一种进步的信念，意味着一个民族的觉醒。这就是印度历史的使然。

在这样的历史洪流中，关心政治、参与政治，是每一个有抱负的人士的必然选择。不仅如此，在印度这样一个种姓等级制森严的社会里，政治生命及其仕途的升迁还意味着社会地位的提升，特别是对于像潘尼迦这样的少数族群而言，对名位的热捧尽管多少有点世俗，但却是活生生的现实所迫。青年时代，由于看不到自己在政界有任何清晰或合适的升迁道路，潘尼迦于是作出了自认为唯一的替代选择，就是从事新闻业，因为借此可以进入公共事务领域，尽管这条道路同样让他饱尝艰辛。1927 年 9 月，32 岁的潘尼迦决定接受邀请为土邦王公服务，因为他很清楚，像他这样的属于少数族群的特拉凡科人，是很难在印度政坛中获得任何有利的职位。1928 年 1 月，潘尼迦正式上任，开始了他二十年服务于印度土邦的政治生涯。用潘尼迦自己的话说，自己开始进入了一个全新的世界，并准备精心地开始人生的新篇章。

毫无疑问，潘尼迦这一人生新篇章的最大历史成就，就是在服务土邦王公的同时，不忘将土邦引入印度历史的大洪流之中，其标志就是通过制宪会议使土邦最终加入新生的印度共和国这一母体之中。1945年2月，潘尼迦代表土邦参加英联邦会议，并敏锐地感觉到：第二次世界大战已经接近尾声，战争结束后，英国将从次大陆撤离。回国后，潘尼迦迅即推动王公院成立专门委员会，与英国政府及英属印度领导人进行谈判。谈判中，潘尼迦在国大党与部分亲印王公之间牵线搭桥，为说服亲印王公参加制宪会议、阻止亲穆斯林王公谋求独立或投向未来的巴基斯坦作出了积极的贡献。1947年3月，潘尼迦当选为比卡内尔土邦参加制宪会议的代表。在制宪会议上，潘尼迦先后被任命为基本权利委员会、少数民族委员会、宪法原则委员会和国旗委员会等机构的成员。经过他的不懈努力，十六个较大的土邦中有十个最后选择加入了印度，从而为新生的印度共和国作出了应有的贡献。

　　当印度获得独立，王公统治为全民政府所取代时，潘尼迦在印度土邦的二十年服务生涯也宣告结束。追昔抚今，潘尼迦的内心充满了感慨。他指出："我人生漫长的一章开始于1928年1月1日，终结于1948年3月13日。这二十年间的很多场景和往事在今天看来是属于一个完全不同的世界和时代：英国殖民统治的苦苦挣扎、王公统治的末日、印度独立的灿烂曙光以及导演这一伟大历史话剧的圣雄甘地——那是多么光彩照人的时代啊！"在追昔往日的同时，潘尼迦不忘再度开启自己人生的新篇章——外交官的时代，以服务于新生的印度共和国。

　　潘尼迦对于外交并不陌生，他从1931年起就负责处理土邦的外交事务，曾代表土邦参加英联邦内部的各种外交活动。1948年，在完成了土邦的历史使命后，潘尼迦被尼赫鲁总理任命为驻中华民国大使，开始了他长达十多年的精彩的外交官生涯。1949年10月潘尼迦返回印度后，被尼赫鲁临时安排到公共服务理事会选举委员会任职，等待新的任命。1950年5月，潘尼迦抵达北京，正式出任印度驻中华人民共和国大使。对于这段经历，他在《亲历两个中国：一个印度外交官的回忆》一书中进行了详尽的叙述。作为长袖善舞的外交家，潘尼迦于1952年出任印度驻埃及大使，同时兼任驻苏丹、巴勒斯坦、叙利亚、约旦和黎巴嫩大使。他感到这个任务与驻华大使一样艰巨。因为这些国家均是伊斯兰国家，对巴基斯坦有着天然的亲近感。而且由于巴基斯坦的宣传，不少阿拉伯国家对印度存有疑虑和反感。就在他即将上任前，埃及发生政变，法鲁克王朝被推翻，纳吉布和纳赛尔领导的埃及共和国宣布成立。面对动荡不安的中东政局，潘尼迦将消除阿拉伯国家和民众的怀疑和反感、增加他们对印度的信任和尊重视为首要任务。在总结中东的十七个月任职生涯时，潘尼迦表示满意，认为自己扭转了阿拉伯国家敌视印度的大势，为双方的持久友谊奠定了基础。

1954年，潘尼迦从埃及回国，到土邦重组委员会任职。1956年，在完成土邦重组委员会的工作后不久，他就被尼赫鲁任命为印度驻法国大使。这是潘尼迦梦寐以求的职位。他表示："直到第一次世界大战，驻巴黎和伦敦大使被视为外交界的最高职位。但在不久后，华盛顿和莫斯科的地位崛起，其重要性逐渐超越了巴黎和伦敦。即便如此，驻法大使仍是最重要的外交职务之一。就政治层面而言，华盛顿、莫斯科、伦敦可能更重要些，但巴黎却是当之无愧的世界艺术之都。我对巴黎的喜爱由来已久，能被任命为驻法大使，我非常满意。"

1956年12月，潘尼迦抵达巴黎履新。对于驻法大使一职，他显得游刃有余、格外轻松。在公务之余，他还应邀前往法国、德国、英国和瑞士的一些高校进行演讲。在这种惬意而愉快的生活中，一场灾难正在逼近潘尼迦。1959 年 4 月，在德国慕尼黑连续进行三场演讲后，他突然中风，左侧偏瘫。潘尼迦随即辞去外交官职务，回到印度。此后，他的身体有所恢复，但也大不如前。此时的潘尼迦虽尚未丧失恢复健康或发挥余热的希望，但"已不敢奢望自己能迈入新的人生章节"。他开始抓紧时间完成自己的自传，直到 1963 年 12 月 10 日在迈索尔大学副校长任上去世。

像许多伟大人物一样，1895 年出生的潘尼迦，注定了不仅要见证时代的历史巨变，而且要以自己的方式去助推这样的巨变，进而确立自己的历史地位。毫无疑问，无论是服务于土邦王公还是服务于新生的共和国，成就潘尼迦伟大功绩的不竭动力，源自其内心深处，那就是对国家的热爱、对政治的热情、对文明的热捧。这些连同潘尼迦作为深谙土邦事务的纵横家、长袖善舞的外交家、东西贯通的历史学家、浓郁印度关怀的海权家以及马拉雅拉姆语文学家的身份，编织起了潘尼迦丰富而多彩的一生。

第 1 章

潘尼迦生平与主要著述

K. M. 潘尼迦一生经历丰富，成就不凡，无论是经济仕途还是道德文章，都颇有可圈可点之处。按照中国传统"立德、立言、立功"的历史人物评价标准，潘尼迦在"立言"和"立功"上的建树已足以让其"不朽"。尤为难得的是，他在人生几个重要转折关头都作出了比较明智的选择，其中固然有时运的因素，但也充分显示出了他本人的远见卓识。不过，或许正是因为潘尼迦在仕途上数次大开大合的"变轨"，他曾一度背负"政治投机分子"的恶名，一些人抨击他政治立场变幻无常、行事风格八面玲珑。实际上，在现代印度史上，潘尼迦有其特殊的地位和人格魅力。

一、少年和青年时代的潘尼迦

1895 年 6 月 3 日，K. M. 潘尼迦出生于印度喀拉拉邦科瓦兰的一个富裕之家。潘尼迦所属的奈尔人社群属于母主社会，女性在社会结构中占据中心位置。在潘尼迦的记忆中，他的母亲非常专横，好在祖母甚是慈祥，给予他许多温情和关爱。幼时的潘尼迦经常挨揍，但他似乎并无怨言，曾表示"如果惩罚来自真正爱他们的人，孩童的确能从惩罚中获益"。

6岁时，潘尼迦被送到印度南部城市特里凡得琅读小学。当时，潘尼迦的学业成绩稀松平常，只有历史课的成绩比较突出。中学毕业后，潘尼迦先后参加了戈德亚姆和特里凡得琅的大学入学考试，但由于理科成绩太差，两次均以失败告终。在绝望的情绪中，他选择服毒自杀。在获救后，潘尼迦被送回家乡，并休学一年。回乡后，面对亲人的失望情绪和别人的羞辱，他感到难以忍受，居然再次尝试自杀。再次获救后，潘尼迦的家人认为他已不适合继续上学，希望他能留在家中学习料理家务。无奈的潘尼迦只能同意。就在这时，命运的转机出现了。潘尼迦在英国留学的兄长写信回来，要求把他送到马德拉斯去继续学业。这个意见被采纳了。这一次，他顺利通过了圣保罗学院的入学考试。不久后，他的兄长又写信回来，要求把他送到英国留学。就这样，在圣保罗学院学习半年后，潘尼迦踏上了前往英国的航程。

1914年5月，潘尼迦抵达英国，并顺利通过了牛津大学的入学考试，就读于基督教会学院。该学院是牛津大学最大的学院，曾有多位英国首相毕业于此。当时，有大约六十名印度学生就读于牛津大学，这些学子们被英帝国视为印度的未来精英，予以相当的重视。来到自己梦寐以求的知识殿堂，潘尼迦如饥似渴地学习西方文化和知识，接受精神和智力上的洗礼。其间，喜爱写作的他开始为报纸杂志撰写稿件，其中一篇稿件获征文比赛头等奖，并于1916年出版。这本名为《大印度问题研究入门》的处女作甚至改变了潘尼迦的命运，它引起了印度教育界人士雷迪和马苏德的关注，正是这二人在潘尼迦回国后将其延揽到阿里加尔学院执教。因著作而改变人生际遇的情形在潘尼迦的人生中，这是第一次。

在牛津，潘尼迦的学业一帆风顺，学习成绩名列前茅，开始展现出惊人的史学天赋和写作才能。潘尼迦的导师、历史学家亚瑟·哈萨尔曾对这位弟子作如此评价："在我作为基督教会学院历史学导师的漫长职业生涯中，从未见过如此聪慧的学生。"1917年，潘尼迦被授予迪克逊研究奖学金，在此之前还没有印度留学生获得这样的荣誉，基督教会学院院长托马斯·斯特朗亲自致信祝贺。此时，恰好著名历史学家文森特·史密斯正在牛津撰写《印度简史》，特邀请潘尼迦协助，他也得以在文森特的指导下对印度历史展开系统的研究，潘尼迦扎实的史学功底及后来卓越的史学成就实得益于此。在此期间，潘尼迦还得以结交锡兰（今斯里兰卡）议长拜伦·贾雅蒂拉格（后来出任锡兰总理）等知名人士。正是拜伦建议他撰写一本关于民族主义运动的著述，并允诺提供帮助，促成了潘尼迦后来的著作《印度民族主义：原则、历史和理想》的出版。对于牛津的教育，潘尼迦赞赏有加："美国、日本、中国、俄罗斯、法国，来自世界各国的青年才俊汇聚于此。生活在这样一个群体中，本身就是一种教育。这里的导师和教授对待学生像朋友一般，而行政当局则总是积极帮助塑造学生的品格，并促进其职业的发展。"在牛津的求学生涯给潘尼迦留下了非常美好的回忆，他专门写了一首诗来表达对牛津的依恋之情，"我对牛津的感恩之情将随着时光的流逝而不断增加"。

1918年，完成学业的潘尼迦决定回国。此时第一次世界大战尚未结束，德国的无限制潜艇战对横跨大西洋的航行构成了极大的威胁。回国心切的潘尼迦没有听从友人的劝告，于1918年9月11日踏上了归国的航程。六天后，他所乘坐的"塔斯曼"号被德国鱼雷击中并沉没。在船上二百七十三名乘客中，只有五十三人生还，潘尼迦就是这些幸运的生还者之一。被送回英国的潘尼迦没有改变尽快回国的念头，他不久后再次踏上归国的航程。这一次，他乘坐的航船幸运地躲过了德国潜艇的攻击，潘尼迦最终回到了思念已久的祖国。

潘尼迦回乡后发现，家中已发生变故，与自己最亲密的祖母已经去世；另一方面，由于战争，饥荒席卷整个印度。归国后不久，潘尼迦的婚姻大事被提上日程。在家庭的安排下，他与自己的表妹、舅舅的长女成亲。虽系父母之命、媒妁之言，潘尼迦对自己的婚姻还是比较满意的。潘尼迦的夫人尽管从未受过英语教育，几乎足不出户，对外部世界也一无所知，却将家庭事务料理得井井有条。潘尼迦不无自得地表示："一些现代思想家认为近亲结婚是有害的，我的婚姻却未带来任何危害，我的孩子都很健康，无论是身体上还是智力上。"

此时，就业问题成为潘尼迦必须考虑的头等大事。经雷迪和马苏德等社会关系的牵线搭桥，他于1919年3月底被延揽到印度著名私立学院阿里加尔学院担任教授。潘尼迦虽然并不十分喜欢这份教职，但工作仍是尽心尽力，与校方及同事的关系也非常融洽。1921年，学院更名为穆斯林大学，潘尼迦被任命为历史系主任。他还被阿拉哈巴德大学和贝拿勒斯大学等聘请为督导员。如果他继续在教书育人这条道路上走下去，他的成功无疑也是可以预期的。不过，潘尼迦却志不在此，他从未真正喜欢过这份教职。他的兴趣始终在于政治，却苦于没有找到进入政界的门路。在担任教职期间，潘尼迦的著述十分广泛，既涉及教育改革方面，如《印度教育改造论文集》，也涉及其从事的历史专业，如《曲女城的戒日王：公元七世纪上半叶印度史专论》。当然，他对政治的浓厚兴趣是无法掩盖的，并出版了政论集《帝国主义的实践和理论》。

1920 年至 1922 年，印度掀起了甘地领导下的第一波"非暴力不合作运动"浪潮。为响应甘地的号召，阿里加尔学院曾停课一个月。1921 年，甘地造访该学院，潘尼迦也生平首次见到这位闻名遐迩的印度"圣雄"。甘地建议潘尼迦参加自己的运动，但他考虑到自己的教职多亏友人推荐，此时学院又处于困难之中，贸然辞职实在有负友人的情谊。潘尼迦又兢兢业业地工作一年后，最终于 1922 年 6 月辞职。在谈及自己的选择时，潘尼迦表示："我为什么会抛弃安逸的生活，选择永远充满风暴的政治生涯呢？实乃性格使然。我从未迷恋于安宁。我甚至曾嘲笑那些喜爱安逸生活、不愿冒险的人。于我个人而言，我喜爱惊涛骇浪而非避风港，牛津岁月更坚定了我的选择。学术生涯的驯化让我感到厌烦。"

不过在辞职之时，潘尼迦还没有想好下一步要做什么，直到数月后有朋友邀请他到马德拉斯一家英文报社做编辑。潘尼迦一向喜欢新闻业，何况这份名为《自治》的新办报纸是宣扬民族主义的，故而欣然接受。他很快发现编辑工作的艰辛，要面对当权者的敌视、无谓的争吵、人手不足、经费拮据等种种困难。不过，潘尼迦并不后悔自己的选择，在他看来，对于热心公共事务的人而言，没有比新闻业更合适的职业了。当时在马德拉斯执政的是威灵顿勋爵，潘尼迦时常撰文抨击后者，甚至在 1924 年 2 月公布了威灵顿的几封信，以揭露他与一家珠宝商的暧昧关系。这引起了一场轩然大波，报社的主管受到当局的警告。潘尼迦也不得不因此辞职。

此时，锡克族的阿卡利反英运动已经激化为暴力对抗。为了加强对该运动的指导，同时也防止该运动过分偏离自己的"非暴力"路线，圣雄甘地委派潘尼迦为国大党代表，前去担任该运动的顾问。潘尼迦出色地完成了这一任务，阿卡利运动领导人最终选择了与政府进行谈判。此后，阿卡利运动领导人又决定办一份自己的英文报纸以作喉舌，潘尼迦应邀负责报纸的筹办。这份名为《印度斯坦时报》的报纸随后在德里诞生，由甘地亲自剪彩，创刊号刊登了尼赫鲁父子、毛拉纳·默罕穆德·阿里等国大党领袖的文章。不久后，潘尼迦在该报上刊文抨击家乡特拉凡科的执政官，引发了很大争议，一些亲朋好友希望他离开报界。在此期间，他曾再次充当甘地的信使，并与诗人泰戈尔谋面。

在《印度斯坦时报》工作不足一年，潘尼迦再次辞职。他的新闻生涯就此终结，不过，他此后终身保持了与新闻界的联系。在潘尼迦看来，"我生命的这段时光并非完全徒劳无功。与政要的密切接触、对政治事务的内部审视、执行责任重大的任务——这三年当然没有白过。实际上，我把它们视为针对未来的培训。但是，从个人收入的角度来看，这一时期是无利可图的。不过，由于我对挣钱既没有欲望也没有天分，这并未使我十分担忧"。此时，潘尼迦刚过而立之年，要开始一种新的生活还不算太晚。何况，"我迄今的人生经历实际上会有助于我的未来"。他听从了朋友的建议，决定回到欧洲，攻读律师资格。1925 年 9 月 25 日，潘尼迦再次踏上英伦三岛。为了减少家庭的经济负担，他积极谋求和英国的报纸杂志建立联系，通过撰稿来赚钱和扬名。他开始为《新闻日报》和《先驱日报》撰稿，并寻求其他收入来源。这时，英国政府民政委员会来函，邀请他担任该机构招聘考试的印度历史主考官。潘尼迦非常欣喜，因为这份工作能为他带来每年一百五十英镑的收入，而且每年只需工作一个月而已。

1925 年底，潘尼迦开始在欧陆的葡萄牙、法国、德国、荷兰等国游历，既了解这些国家的风土人情、历史文化，也为自己的历史著述搜集材料。他首先前往葡萄牙的里斯本，去寻访达·伽马、阿布奎基的足迹，并为自己的著述《马拉巴尔和葡萄牙人》寻找第一手材料。1926 年 1 月，潘尼迦到达法国巴黎，他原本只打算作短暂停留，最后却将巴黎作为欧洲之行的总站点，停留了长达一年之久。他毫不掩饰对巴黎的喜爱，曾表示："任何想要了解欧洲的人都必须要居住在巴黎"，"世界上没有其他地方能享受此等的自由"，"巴黎是全世界流亡者的天堂"。在巴黎，潘尼迦认识了来自世界各国的朋友，其中既有一些法国知识界人士，也有许多来自东方国家的留学生。他与有着广泛新闻界人脉的法国人杰曼女士合作，为许多知名期刊撰稿。他还与来自中国、印度支那和爪哇的一些留学生建立了"东方社团"，并担任副社长。这个社团的成员包括后来成为印度尼西亚共和国副总统的穆罕默德·哈塔。社团的同学们相互交流彼此国家的情况。在潘尼迦看来，正是这种交流使得他对印度支那、爪哇和暹罗（今泰国）等东南亚国家的政治和内部事务有了比较细致的了解，为其后来的著作《东南亚的未来》奠定了基础。1926 年，世界和平会议在法国别尔维尔召开，这是潘尼迦参加的第一个国际会议。他与"东方社团"的其他成员一起在会上散发传单，宣扬亚洲国家的独立。潘尼迦积极宣传：亚洲国家自由的丧失要归因于英国在印度的统治，只要英印帝国仍然存在，世界和平就处于危险之中，因而其他亚洲国家的自由取决于印度的独立。他后来回忆说："当时还没有人意识到印度独立主张的国际意义，只是经一群来自亚洲国家的自由倡导者在这个节点大肆宣传，欧洲的主要报纸才意识到印度独立主张对亚洲其他地区的重要意义。"除了政治议题外，潘尼迦还在法国报纸杂志上竭力宣扬印度文化的伟大之处。他也因此结识了不少巴黎精英。1926 年 12 月，潘尼迦前往德国柏林。在这里，他结识了一些印度持不同政见者，并发现当时的旅德印度人已经分成两个派别：亲共派和反共派。潘尼迦无意于参加革命，与两派均保持了友好关系。随后，他又前往荷兰游历，为自己的著作《马拉巴尔和荷兰人》搜集资料。

1927年5月，当潘尼迦从欧陆返回英国时，印度土邦问题正在发酵，在英国和印度吸引了大量注意力。此时，潘尼迦关于印度土邦问题的专著《印度土邦与印度政府关系研究入门》刚好出版，并引起了较大的反响。1927年9月17日，潘尼迦接到瓜廖尔土邦部长哈克萨尔上校的电报，邀请他出任克什米尔王公的顾问。1928年1月，潘尼迦正式上任，开始了他在印度土邦的二十年服务生涯，一直到印度独立，此时的潘尼迦年仅32岁。1948年，潘尼迦被尼赫鲁任命为驻中华民国大使，从此开始了他长达十多年的精彩的外交官生涯，新中国成立后又成为驻华大使，直到1959年4月从法国大使位置上离任。四年后，潘尼迦因病去世，享年68岁。

二、笔耕不辍的大学者

潘尼迦一生笔耕不辍，无论是在担任土邦部长时期，还是在担任驻外使节时期，总是忙里偷闲，不忘治学。他酷爱学习，对历史和文学的热爱伴其终生。他出使到每个国家，都会对驻在国的历史文化、人文地理进行详细的了解和认真的研究。值得一提的是，潘尼迦非常高产，他的著述速度极快，譬如《联邦印度》一书用时一个月，《东南亚的未来》一书仅耗时三周。即便是在担任工作繁重的驻新中国大使期间，潘尼迦的著述成绩也颇令人惊叹，后来引起巨大反响的著作《亚洲和西方统治》、纪实文学《中国之行》以及诗集《自由之乡》等均是这期间的劳动成果。在著述之余，他还饶有兴致地完成了中国古典戏剧《西厢记》的翻译工作。潘尼迦精力之旺盛、兴趣之广泛，由此可见一斑。1959年因病辞职后，他的健康状况令人担忧，但他仍不能割舍对著述的热爱，从回国后到1963年去世前仍有数本著作问世。

对于潘尼迦来说，仅从其历史学成就来评判，也足以在亚洲乃至全球学术界留下不朽的声名。早在1922年，担任穆斯林大学历史学教授的潘尼迦就撰写了自己的史学处女作《曲女城的戒日王：公元七世纪上半叶印度史专论》。1929年和1933年，他又相继出版了史学姊妹篇《马拉巴尔和葡萄牙人》和《马拉巴尔和荷兰人》。这两本著作揭露了葡萄牙人和荷兰人在印度推行的扩张主义和同化政策。随后，他在1935年出版了《印度王权的由来和演变》。在该书中，潘尼迦最为重要的论点是，印度的王权与西方，尤其是与欧洲不同，它从未真正发展或退化为一种专制制度。潘尼迦还撰写了许多关于印度土邦历史及其与英印政府关系的著作。他为克什米尔、帕提亚拉和比卡内尔等土邦王公所写的传记也十分精彩。1947年，潘尼迦的名著《印度简史》在印度宣告独立当天问世。据潘尼迦表示，一位中国学者曾讽喻印度历史就像一本电话簿，包罗着各种明显互不相干的名字和事实，而他写作本书的目的之一就是反驳这种荒谬的看法。真正为潘尼迦带来世界性声誉的史学著作是他1953年在英国出版的《亚洲和西方统治》。令潘尼迦高兴的是，该书不仅被翻译成多国语言出版，印度总理尼赫鲁也对该书赞赏有加，曾将其提要传达给印度政要和驻外使节。

在诸多著述中，潘尼迦最具代表性和影响力的著作主要有《印度和印度洋：略论海权对印度历史的影响》《印度简史》《亚洲和西方统治》以及《东南亚的未来》等。《印度与印度洋：略论海权对印度历史的影响》一书为他带来了"现代印度海权理论奠基人"的美誉。该书首版于 1945 年，潘尼迦显现出自己作为政治家的远见卓识，指出"印度洋将是未来的主要问题之一"。在谈及写作该书的动机时，潘尼迦表示："西方历史学家告诉我们，海权起源于西方，印度从未有过海上威力。这一说法被大家接受。我能很轻易证明这是错误的说法，如果印度没有强大的航海传统，印度文化就不可能传播到印度尼西亚群岛那么远的地方。我在为撰写《马拉巴尔和葡萄牙人》一书搜集材料时就已经了解这一事实。所以我毫不犹豫给出了自己的主张：印度洋的领导权可以追溯到印度的古代王朝。"此书虽在出版时遭遇了一些困难，但在出版后立即引起了巨大的轰动，所引起的争论一度占据印度各大报刊的头版。一年之内，该书在英国出了三版。印度独立后，该书成为印度海军学校的教科书。

在潘尼迦的众多历史著作中，最令他满意的是《印度简史》。潘尼迦一直对印度历史颇感兴趣，重新撰写印度史的愿望也在他心中埋藏了多年。他表示："我阅读的历史著作越多，就觉得越痛苦。大家都知道，这些著作所引述的所谓基本文献绝大多数出自欧洲人之手，他们对印度文化既不了解，也不尊重，他们的目的是要粉饰欧洲人过去的帝国主义行径。所以当时印度有很多人都想要重新撰写印度历史。"此外，"印度历史大多数是从德里的角度来书写的，而南印度的文化倾向于被忽视。此外，由于这些自称为雅利安人的欧洲人的到来，我们印度人中也出现了一种雅利安种族优越论。我的观点是，达罗毗荼文化也同等重要，印度文化是它们交融的结果。无论是穆斯林的入侵还是欧洲帝国主义都没有改变这种状况"。当时，德里一家新成立的出版社准备出版一批有关印度文化的通俗读物，于是邀请潘尼迦撰写一本印度历史著作。他欣然同意，当其着手写作时，才发现这一任务的难度：要把五千年的印度历史压缩到三百页的文字中，其文字风格不是要赢得学者们的许可，而是要激发普通人的阅读兴趣，而写作时限只有四个月。为了完成这部著作，潘尼迦夜以继日，笔耕不辍，即便是公务在身也尽量挤出时间。譬如，在进行该书最后一章以及结语的撰写时，他正在参加卡普塔拉王公的寿辰庆祝活动。潘尼迦感慨："从来没有哪本书的写作给我带来这么多的烦恼。或许正是这个任务的重要性，以及为配合独立印度的新政治撰写一本新历史的责任感，使其成为难以忍受的负担。因而，这本书的完成对我是一个巨大的解脱。"这本书最后如期完成，并在1947年8月15日印度独立日当天出版发行。

《亚洲和西方统治》一书恐怕是潘尼迦酝酿时间最久的一本书。他表示，撰写一部欧洲列强亚洲殖民史的想法最早源于1925年对葡萄牙贝伦港（航海家达·伽马发现印度之旅的出发地）的参观。此后，这一想法从未离开他的脑海，他为此进行了长达二十五年的材料准备工作。直到1950年担任驻新中国大使时，潘尼迦的写作计划才最终实现，因为他此时得以对中国历史进行认真研究，从而对欧洲列强远东殖民史有了更全面的了解。1953年11月，《亚洲和西方统治》出版。该书从非西方中心主义的视角叙述了西方从入侵亚洲到撤离亚洲的历史，分析了西方列强殖民统治对亚洲的影响及反作用。

可以说，真正为潘尼迦带来世界性声誉的史学著作就是《亚洲和西方统治》。在序言中，潘尼迦指出："这或许是一个亚洲学生审视和了解四百五十年来欧洲在亚洲活动的首次尝试。"在此之前，所有西方历史学家，甚至一些印度学者都持这样的观点，即只有牛津和剑桥的英国教授才有足够资格来撰写关于欧亚关系的历史。潘尼迦通过自己杰出而深厚的学术造诣，证明像他这样的印度本土历史学家能够在相似的历史研究领域让欧洲人黯然失色。这本书一面世就赢得了世界范围内的关注，英国BBC将之列为世界历史的经典著作之一。《曼彻斯特卫报》对该书的评价是："它的出版不仅是一个文学事件，也是一个政治事件。这本书超脱于试图恢复亚洲僵死过去的仇外心理。潘尼迦记述了亚洲从被征服历史中获得的裨益以及在西方殖民和帝国统治中遭受的侮辱。"《经济学人》高度称赞潘尼迦："这本书是任何对亚洲感兴趣人士的必读书目。潘尼迦是一个高水准的历史学家，他的文风流利易懂，他对历史事例的选择颇有见地。"该书此后多次再版，并被翻译为多国文字。在1993年该书再版时，克劳德·欧维士和T. R. 德-索萨在序言中表示："这本书不仅震动了学术界，它也得到了一些政治精英的重视……《亚洲和西方统治》标志着此前在印度流行的盎格鲁—印度历史学的重大转向。"该书迄今仍是印度外交部工作人员的指定阅读书目之一。

《东南亚的未来》一书则是潘尼迦动手最快的著作之一，该书主要阐述了印度在该地区的国际责任。1943年1月至2月，在参加完太平洋关系会议后，潘尼迦曾在英国伦敦逗留了三周，并在此期间撰写了该书。潘尼迦表示，他对东南亚的历史及其未来的兴趣在他对印度历史的研究中"油然而生"，"柬埔寨、暹罗、爪哇、马来亚以及其他国家曾一度受印度文化的影响。即便在今天，它们的文明也是建立在印度文化的基础上。1943年，这一地区主要处于日本的控制之下。我认为日本人很快会被赶走，这个地区会重新回到欧洲人的控制之下。在我看来，这对印度独立是不利的。我坚持认为，我们应为一个战后解决方案而努力，该方案将把这些国家从殖民主义枷锁中解放出来。正是这种信念促使我撰写了本书"。该书的主旨是：东南亚的未来和印度是不可分割的，如果要保障缅甸、暹罗和马来亚等国的独立不受其他强国干涉，就要把它们的安全与印度联系起来。如果欧洲列强在战后试图维持对这些国家的殖民统治，这将会导致严重的动荡，当然这些国家随后将获得解放，它们的经济和防务政策将与印度保持协调。他在书中还主张：除非承认巴基斯坦的独立，否则印度就不能获得大国地位。对于那些印度斯坦不可分割的宣扬者来说，潘尼迦的观点显然不受欢迎。但也有不少印度政要赞同他的观点。这本书在英国出版后大获成功，后来又在美国和印度本国出版。潘尼迦认为："这本书的主旨在某种程度上影响了英美两国政要的想法，它的很多理念传播开来。"在二战结束时，暹罗总理曾致信潘尼迦，表示这本书的主张对于暹罗拟定光荣的战后和约有所帮助。

除了上述四本著作外，潘尼迦还有着非常丰富的其他英文和马拉雅拉姆著述，其数量之大、范围之广、类型之多，委实令人惊叹和佩服。这里对其已出版的英文著作作简要梳理。

潘尼迦有关西方殖民统治与亚非民族解放问题的英文著作包括：《帝国主义的实践和理论》（*Imperialism*，1922）；《新帝国：就英国和印度前途问题致一位保守党议员的信》（*The New Empire：Letters to a Conservative Member of Parliament on the Future of England and India*，1934）；《东南亚的未来》（*The Future of South-East Asia*，1943）；《亚洲和西方统治》（*Asia and Western Dominance*，1953）；《亚非国家及其问题》（*The Afro-Asian States and Their Problems*，1959）。

潘尼迦有关印度政治问题的英文著作包括：《大印度问题研究入门》（*An Introduction to the Study of the Problems of Greater*

India, 1916）；《印度的民族主义：原则、历史和理想》（*Indian Nationalism: It's Origin, History, and Ideals*, 1920）；《印度的两头政治，1919~1928》（*The Working of Diarchy in India, 1919-1928*, 1928）；《印度制宪会议》（*Indian Constituent Assembly*, 1947）；《印度政治原则》（*Indian Doctrines of Politics*, 1955）；《十字路口的印度社会》（*Hindu Society at Cross Roads*, 1961）；《捍卫自由主义》（*In Defense of Liberalism*, 1962）；《新印度的基础》（*The Foundations of New India*, 1963）；《印度思想中的主权和国家概念》（*The Ideas of Sovereignty and State in Indian Political Thought*, 1963）；《种姓和民主以及印度民主的前景》（*Caste and Democracy & Prospects of Democracy in India*, 2004）。

潘尼迦有关印度历史的英文著作包括：《曲女城的戒日王：公元七世纪上半叶印度史专论》（*Sri Harsha of Kanauj: A Monograph on the History of India in the First Half of the 7th Century A. D.*, 1922）；《马拉巴尔和葡萄牙人》（*Malabar and the Portuguese*, 1929）；《马拉巴尔和荷兰人》（*Malabar and the Dutch*, 1931）；《印度简史》（*A Survey of Indian History*, 1947）；《古往今来的印度》（*India through the Ages*, 1947）；《印度历史的决定性阶段》（*The Determining Periods of Indian History*, 1962）；《印度历史研究》（*Studies in Indian History*, 1963）；《印度：过去和现在》（*India: Past and Present*, 1964）。

潘尼迦有关印度地理和海洋安全的英文著作包括：《印度洋的战略问题》（*The Strategic Problems of the Indian Ocean*, 1944）；《印度和印度洋：论海权对印度历史的影响》（*India and Indian Ocean: An Essay on the Influence of Sea Power on Indian History*, 1946）；《地区主义和安全》（*Regionalism and Security*, 1948）；《印度历史中的地理因素》（*Geographical Factors in Indian History*,

1955）；《印度防务的问题》（*Problems of Indian Defense*，1960）；《印度人生活中的喜马拉雅山》（*The Himalayas in Indian Life*，1963）。

潘尼迦有关印度土邦问题的英文著作包括：《印度土邦与印度政府关系研究入门》（*An Introduction to the Study of the Relations of Indian States with the Government of India*，1927）；《英国对印度土邦政策的沿革：1774~1858》（*The Evolution of British Policy towards Indian States*，*1774-1858*，1929）；《联邦印度》（*Federal India*，1930）；《印度土邦和印度政府》（*Indian States and the Government of India*，1932）；《委员会的王公们：帕蒂亚拉王公任职记录：1926~1931 及 1933~1936》（*The Indian Princes in Council*：*a Record of the Chancellorship of His Highness*，*the Maharaja of Patiala*，*1926-1931 and 1933-1936*，1936）；《比卡内尔王公小传》（*Biography of the Maharaja of Bikaner*，1937）；《印度王权的由来和演变》（*Origin & Evolution of Kingship in India*，1938）；《印度土邦》（*Indian States*，1943）。

潘尼迦有关印度宗教、文化、教育等问题的英文著作包括：《印度教育改造论文集》（*Essays in Educational Reconstruction in India*，1920）；《印度教和现代世界》（*Hinduism and the Modern World*，1938）；《印度文化的根基》（*Basis of Indian Culture*，1955）；《印度的遗产》（*Indian Inheritance*，1955）；《关于印度的常识》（*Common Sense about India*，1960）；《印度文化的基本特征》（*Essential Features of Indian Culture*，1964）；《印度教和西方》（*Hinduism & the West*，1964）。

潘尼迦的英文传记和演讲选集包括：《邦国间法律演讲集》（*Lectures on Inter-statal Law*，1934）；《外交的原则和实践》（*The Principles and Practice of Diplomacy*，1956）；《国家和公民》（*The*

State and the Citizen，1960）；《自由的声音：演讲选集》（*The Voice of Freedom：Selected Speeches*，1961）；《关于前英国时期印度与世界联系的演讲集》（*Lectures on India's Contact with the World in the Pre-British Period*，1964）；《亲历两个中国：一个印度外交官的回忆》（*In Two Chinas：Memoirs of a Diplomat*，1955）；《自传》（*An Autobiography*，1977）。其中，《邦国间法律演讲集》系潘尼迦在马德拉斯大学所作的关于印度土邦法律问题的演讲集；《外交的原则和实践》系潘尼迦在德里经济学院所作的关于外交问题的演讲集；《国家与公民》系潘尼迦的会议演讲合集；《自由的声音》系潘尼迦与印度早期独立运动先锋、尼赫鲁总理之父莫狄拉尔·尼赫鲁等的演讲合集。

　　除了大量的英文著作外，潘尼迦还留下了大量的马拉雅拉姆语著作，主要是文学著作，类型涉及诗歌、小说、戏剧、文学评论等，数量也有几十部之多。事实上，为马拉雅拉姆文学作出贡献以及宣扬喀拉拉邦的伟大是他从儿时起就怀揣的梦想。由于潘尼迦在马拉雅拉姆文学和喀拉拉历史方面的突出贡献，他于 1956 年当选"喀拉拉文学学会"主席。除了孜孜不倦的个人创作，潘尼迦还热衷于外国经典文学的引介，曾将古希腊经典悲剧《俄狄浦斯王》、中国古典戏剧《西厢记》、莎士比亚戏剧《李尔王》等翻译成马拉雅拉姆语。

第 2 章

一位民族主义者的深邃思考

像所有印度伟大人物一样，潘尼迦的伟大首先在于其作为一位理性的民族主义者的爱国情怀。可以说，潘尼迦的身份首要是一个民族主义者。抓住了这条主线，我们也就找到了一把解读这位印度伟大人物平生作为和思想根源的钥匙。

一、早年的民族主义主张

潘尼迦的政治主张形成于其负笈英伦时期，《印度的民族主义》是其早年民族主义思想的集中阐释。在土邦的二十年服务生涯则进一步坚定了潘尼迦对印度民族自决和国家统一的信念。

对印度民族主义的探源

早在 1916 年，尚在牛津求学的潘尼迦就出版了名为《大印度问题研究入门》的小册子，他清楚地强调了印度有义务帮助英国海外殖民地，如东方的马来西亚、新加坡、爪哇、苏门答腊、印度支那和斐济，非洲的肯尼亚、乌干达、坦噶尼喀、南非以及西印度群岛的牙买加、特立尼达等地的印度侨民，保持自己的印度属性。1920 年，潘尼迦的著作《印度的民族主义：原则、历史和理想》出版。他写作该书的初衷源于锡兰议长拜伦·贾雅蒂拉格的建议。在书中，年轻的潘尼迦全面地阐述了他对于印度统一问题、印度民族主义运动的根源、国大党的发展历程、民族主义与土邦问题和英帝国统治的关系等重大问题的思考。此际，他已显露出了强烈的民族主义意识，表达了对印度民族主义运动的充分肯定，抒发了对实现印度统一和自由的向往之情。在《印度的民族主义》一书中，潘尼迦从宗教、教育、政治等方面分析了印度民族主义运动的根源。

宗教运动

潘尼迦指出，印度的民族解放运动并不完全是一场宗教运动，但是如果忽视印度民族解放运动与印度教复兴之间紧密而广泛的联系，就无法真正认识这场运动，因为宗教复兴是此前印度人生活最显著的特征。不过，印度民族主义的早期领袖以及印度国大党的创立者们与印度教复兴并无关联。他们是"去民族化"（de-nationalized）的爱国者。当第一届印度国民大会召开时，大会主席 W. C. 班纳吉指望在英国谋得一个政治职务；而曾出任英国参议院议员的国大党领袖瑙罗吉（1825～1917，印度教育家、政治家、国大党奠基人之一），其所思所想都是英国式的观念，而非印度人的。

为什么会出现这种情况呢？潘尼迦将之归因于西式教育。"西式教育在很大程度上具有'去民族化'效应，或许它被有意用来对这些受教育者施加这样的作用。民族解放运动的第一代领导人虽然有印度人的血统，但他们却抛弃了其父辈所珍视的绝大多数东西——曾浸入印度民众灵魂深处的各种复杂传统。这些领袖们已经不再扎根于他们本国的土壤里，他们是西方的寄生虫。"结果，当印度的政治理智从沉睡中苏醒过来时，所接触的是维多利亚中期的英国激进主义。它成为以瑙罗吉、郭克雷等为代表的印度民族解放运动先驱们的信仰。他们的宗教是斯宾塞和康德式的，他们的哲学是边沁和密尔式的，他们的传统是麦考利和乔伊特式的。印度国大党早期领袖比平·章德拉·保尔的回忆验证了潘尼迦的看法。据比平回忆，印度籍的行政官员在英国度过青年时代后，回到印度时"几乎如宗教般地奉行"英国的社会习俗和伦理标准，切断了和母体印度社会的联系，"在心灵和举止上毫不逊于任何在英国的英国人"。

在潘尼迦看来，正是西式教育的"去民族化"效应导致了印度教复兴运动。达耶南达·萨拉斯蒂和斯瓦米·维帷卡南达发起的宗教复兴运动成为印度自我保护的首次现代努力，成为其对西方文化挑战的首次回应。自那时起，不可分割的民族主义拥有两个侧面，一为政治性的，一为宗教性的。这些印度精英们认识到，只有其民族宗教实现复兴，政治救赎才会来到他们的土地。印度教复兴从本质上是保守性的，它呼吁人们回到古代的方式。在萨拉斯蒂和斯瓦米·维帷卡南达等人看来，印度要想得到拯救，无须追随新鲜事物，而要忠诚于其伟大的历史遗产。

英帝国统治下的第一次宗教复兴运动自称为"梵社"。这场运动是纯粹宗教性的，既没有政治口号，也没有政治宗旨。尽管如此，印度民族解放运动却在很大程度上要归功于它，因为它为民族解放运动培养了一批杰出的领导人。不过，"梵社"的创立者们是西方文化的产物，他们所发起的运动总体而言是英国化的。或许这并非有意为之，却让整个运动较少民众支持。"梵社"在较小的圈子里仍然是强大的宗教力量，主要在孟加拉，但作为印度民族主义的动力，它很快让位于一场明确宣扬民族主义的运动。拉玛克里胥那是这场运动的先知，维帏卡南达则是最好的阐释者。这些人是新吠檀多主义者。他们的宗教正统或许可以用一种持续而深刻的民族感情予以阐释。经过维帏卡南达雄辩之口的宣扬，吠檀多主义不仅是一种哲学，它也是一种最好和最伟大的生活。

当"雅利安社"成为南亚次大陆的一支力量时，政治理想才首次在印度教中出现。"雅利安社"是旁遮普最为重要的宗教组织。在"雅利安社"，宗教正统不仅是使命性的，甚至是进攻性的。"雅利安社"抵制英印政府和基督教会学校提供的教育。它向印度各地派出布道者，宣讲雅利安文明的福音。他们狂热地宣讲这种福音，视之为印度的希望。对于印度民众的主导性民族情感来说，他们提出了一种新的社会理想，一种完全印度化的理想。这项工作产生了巨大的政治影响。在北印度，"雅利安社"被等同于爱国主义。对印度祖国的热爱，对各项民族事业不知疲倦的无私奉献，所有这些都是"雅利安社"的"精神果实"。在其中，宗教和政治融合为一种不可分割的信念，产生了不可分割的力量。

潘尼迦指出，从"梵社"到"雅利安社"，印度教复兴运动呼吁人们开始一种新的生活，它让人们变得更加保守。不过，宗教保守主义并不总是意味着政治保守主义。他援引了阿纳托尔·法朗士的话语来描述印度当时的情景："在这个世界的所有事务中，我是一个革命者。但是在另一世界中，我是一个守旧者，不，应该说是一个反动者。"印度一些最具革命性的政治家却秉持最保守的宗教立场，这让英国观察家惊诧不已。究其原因，却非常简单："爱国主义的动机源于对传统的继承，而非对土地的占有。这种传统对心灵和头脑浸染得越深，它就会对异己之物排斥得越多。它对自身传统的热爱越是强烈，它对异己之物的憎恶就越为强烈。"

教育制度

潘尼迦指出，印度的英语教育产生了"二律背反"式的双重效应：它既激发了印度民族主义的觉醒，给印度带来了辉格版的自由梦想；又产生了"去民族化"的趋势，印度复兴进程中某些最早的举动就是针对它的自我保护之举。毫无疑问，这是印度民族主义的起源之一，它以直接或间接的方式在印度民族主义的发展和传播中发挥了显著的作用。

作为接受英语教育的印度精英，潘尼迦一直对给印度带来英语教育的麦考利充满崇敬之情。1813 年，担任英印政府高官的约翰·马尔科姆告诉众议院的一个委员会，如果英国政府增加印度的教育设施，无异于自杀。数年后，麦考利颇富远见地指出："你以为我们能传授印度人知识却不唤醒他们的雄心吗？你以为我们能唤醒他们的雄心却不给予他们某些合法的出路吗？"潘尼迦赞叹："这些给印度带来英语教育的人士当然知道他们在做什么。他知道，他们在为某种未来做准备，无论是变化还是不满。他们真是足够勇敢和伟大，才会持续他们的工作。他们的工作成为印度民族主义的主要根源之一。"

英语教育使"少年印度"了解了英国人追求自由的光辉历程。辉格党人的传奇经历让该情景更为引人入胜。大宪章的条款、汉普顿的演讲、丹曼的判决，所有这些都被援引以证明，英国应该也将会向印度输入英式自由。不过，在经历了长达二十五年的失望之后，这些印度人的辉格版美梦最终破灭。书生之见随风消逝，随之而去的还有那些有些许幼稚的信念。这并非在一夕之间完成的。"少年印度"经历了一个幻灭的阶段。它发现英国的自由传统远比书本上所记载的"辉格"版本复杂。对此，潘尼迦阐释了当时两种尚不明确的发展趋势：

其一，今日之英国已不像以前那样珍视自由的价值。这在很大程度上是一种异化的道德疲倦的结果，但这也是英国走向"现代国家"的跌宕进程中的里程碑之一。其二，在我们自己的时代，世界范围内的纷繁复杂的运动带来了某种新奇的民族独立性。当今的国家已经产生明确的自我觉醒。英国并非完全不受这些运动的影响，无论其优劣，有一点几乎毋庸置疑，即这些运动已经改变了英国的观点，甚至改变了其价值体系。辉格党的自由传统已不再是今日英国的可靠指南。

政府和行政机构

潘尼迦指出，对印度人民而言，印度民族主义主要有两项诉求：一是政治权力，二是英属印度文官机构能够向他们"敞开门户"。这两项诉求的背后都存在民众的不满。普通英国民众对印度文官机构一无所知，而误以为后者非常完美，因为记者、政客、官员和旅行家就是这么告诉他们的。所以当人们谈及印度文官机构的改革时，几乎总是为一种根深蒂固的偏见所束缚。这种偏见使批评意见几乎近于背叛和亵渎。

这里需要对当时的英印文官机构作一简介。在 1857 年印度大起义后一个月内，英国国会通过了"印度法令"，由英王统治来代替东印度公司的统治。从此以后，统治印度的是一个巨大的统治集团，其基础在印度，其顶点则是伦敦的印度国务大臣。印度的最高级官员是总督，充当君主的直接代表；总督得到一个五人行政会议的帮助，1909 年前，这五人没有一个是印度人。在这些最高级官员之下，是征集税收、维持法律和秩序、监督司法系统的著名的印度文官。1919 年以前，这一小而高贵的集团的成员几乎全部是牛津和剑桥的英国毕业生。印度文官又管理一个下级的地方行政机构，该机构的人员则基本上是印度人。

对于当时的英印政府和行政机构运转状况，潘尼迦提出了三点意见：（1）英印文官机构所获得的印度民众的尊敬已经大不如前；（2）它与印度民众生活的联系已不似上一代或更早以前那么紧密；（3）它对印度的治理已显得力不从心。在过去，由于通信不发达，英印政府中央机构给予地方行政机构许多行事便利。这些熟悉情况之人得以独立行事。现在，由于科学技术发展所导致的时空距离的缩小，行政机构也大为压缩，以至于这些熟悉情况之人不过是英印政府中央机构的办事员而已。潘尼迦尖锐地指出："我们并不否认英国向印度派出了一些优秀的办事员，但是政治家和一流的管理者不应该是由'优秀办事员'组成，而英印文官机构最高层所欠缺的正是政治家和一流的管理者。"

在潘尼迦看来，对政治性事务和行政性事务进行清晰区分的传统做法在很大程度上已经过时。在世界各地，行政机构都是政府的组成部分，而政府从本质上说是政治性的。权变一直被视为行政部门的首要因素，但当今时代对权变的要求要比过去高得多。它不仅让个体之间的交往变得通畅和圆滑，还涉及对大众思潮、社会力量、政治活力和趋势乃至尚未爆发的民众情绪的深入认识，这些都是重要的政治因素，可能随时会带来政治后果。而且，所有大型文官机构不仅有行政功能，还有顾问功能；要发挥这些功能，仅仅精通于行政性事务是不够的。国家时刻都在为这些有关国计民生的各类事务作准备。这种准备在很大程度上是基于对日常纷繁复杂的社会政治状况的预测，并适时对原有工作计划进行调整。这也是一种政治才干。

潘尼迦指出，英印政府对文官机构"敞开门户"的拒绝已经导致许多印度人成为民族主义者，因为这种拒绝不仅是自私的表现，也意味着英国人已假定了两件事情：其一，印度人无资格享受"敞开门户"的待遇；其二，英国人不希望在印度高层行政机构中直接听到印度人的意见。不仅其英印行政机构实施封闭政策，英印政府自身也是如此。在官方统治体系中，印度人被英印行政机构摈除于最重要的职位之外；印度人民也被英印政府剥夺了政治权力。这两者都成为激发民族主义的原因。其中，后者的影响更为深入而广泛。

在潘尼迦看来，"国家的正常政治发展可以被描述为教化的过程。它在政府和民众之间建立一种重要而制度化的关系。逐渐地，以至于政府不再是强加于民众的力量，而转变为民众生活的规范性机构"。可是，英印政府几乎没有出现这样的转变。它始于某种强加于印度民众的力量，现在依然如此。或许略有改变，但就其各层级的政治当局而言，情况并没有改变。从某种意义上说，英印政府为印度民众建立了一种规范，但它并非服务于印度民众生活，它所建立的规范也并非印度民众生活的表达。"英印政府已成为不合历史潮流之物。这就是印度目前被统治的方式。德里已经没有莫卧儿君王存在，但在英国白厅还有一位。"

印度人之所以成为民族主义者，不仅是因为英印政府过于中央集权化，更由于英印政府的政治权力并未得到印度民众的认可。根据宪法规定，英帝国的所有政治权力皆归于英王的皇权。在大英帝国内，通常情况下皇权的行使要顺乎民意。在英国和各自治领，皇权即以此种方式在制度上与民众联系到一起。在印度，却没有这种宪制上的联系。结果，印度人民成为从属物，仅此而已。他们不得不遵守的政治权力是一种自外而来的强加权力。这种权力外在于他们的生活，独立于他们的意愿。1909 年，英国通过了《印度政府组织法》，也称"莫尔利—明托改革"。该法案扩大了总督和省督所属的立法议会的成员；立法议会的一部分成员可由选举产生，但只有很少一部分印度人获得了选举权。对于"莫尔利——明托改革"，潘尼迦的评价不高："莫尔利勋爵开始他仁慈的改革时，情况如此；当他完成自己的改革时，情况依然如故。他所进行的改革都是改良性的，并非治本之道。他发现印度人民处于从属地位，他却听之任之。诚然，他在某些方面给予他们一定的发言权，但是那些根本上的逆历史潮流之物，那些激发印度民族主义的根源，他却完全没有触及。目前，英印政府的政治权力在制度上并没有得到印度人民的认可。"

潘尼迦指出，英国人的统治已经导致其民族品性的道德堕落，印度思潮的每个转折关头都证明了这一点，这一认识也成为进攻性印度民族主义成长的主要因素之一。印度人从英国历史中得知，大不列颠的米字旗不会在专制的天空中飘扬，他们也想当然地认为英国政府是自由制度的代名词，但他们却发现自己从属于一个对自由制度视若无物的英国政府！所以并不奇怪，国大党的早期领导人将之视为绊脚石。他们不能理解这种状况，这与他们对英国人天性热爱自由的可悲信心并不相符。对于英国权贵在印度奉行的愚民政策，潘尼迦愤慨地诘问："没有代议制，何谓英国人？他根本就不是英国人，而是骗子、造假者。当我环顾这些名义上的英国权贵时，我不禁怀疑，他们既然否认我们的代议制，竭力维持专制制度，又有何颜面自称为英国人。代议制是真正英国人不可分割的一部分，犹如其语言文字一般。英印政府的非代议制性质，它拒绝得到民众的认可，以及印度民众不断强化的从属性，所有这些成为印度民族主义成长的主要因素。再高效的政府，再好的政府，也不能抹杀印度民众的政治权利。印度民族主义运动的诉求之一就是要英印政府'开放门户'。"

在 1886 年第二次国民大会召开的时候，潘迪特·马丹·莫恩·马莱比雅就发表演讲指出："我们无须向大不列颠政府展示代议制的效用、便利和必要性。我们不需要在英国人面前褒扬代议制，因为其英勇而伟大的祖先曾为建立代议制政府而战斗至死，并将其完整地保存下来留给自己的子孙。我们现在所渴求的正是要效仿他们。"潘尼迦对此深有同感，他也大声疾呼："一个已经觉醒的民族有权进行政治自决，这是印度民族主义的基本诉求。如今，几乎没有人能否认这种诉求，以至于对它的证明已显多余。"

对早期印度民族主义运动的评判

潘尼迦指出，人类天性中似乎有某种劣根性，对于任何一场民族主义运动，可能都会经过三个阶段的错误对待。最初是态度冷漠，然后是冷嘲热讽，最后是滥用无忌。只有经过这些不成熟的阶段，人们才开始正视它的优点。而印度的民族主义运动已经度过了不成熟的阶段。它的存在已不容忽视，它也承受住了人们的嘲笑和误解。如今，印度民族解放运动是世界伟大的政治运动之一。"我们不能说这场运动毫无瑕疵，也不能说它的倡导者们从不犯错。但是印度的民众领袖们的确可以宣称，他们所领导的这场运动是一场真实的运动，而不是人为的闹剧。这场运动的力量不是来自空想家们的幻想，也不是来自野心家的密谋，而是来自一个民族的精神觉醒和努力向上的动力。由于这场运动是如此真实，它有权得到正确的评判，它也经得起各种评判。"

潘尼迦追溯了印度国大党的历史，认为后者是"印度民族解放运动的本质和宗旨最显著的表现"。国大党 1885 年成立于孟买。它源于英国人的安排，而非印度人。但它后来成为战斗性民族主义组织，是事先未曾设想和预料到的。最初想到要召开印度国民大会的是一些爱国的英国人，他们因所闻所见而颇感不安，譬如印度民众的不断觉醒，譬如受教育的印度人日益被英印政府疏远。时任印度总督达弗林勋爵认可了他们的想法，并向一位退休的英籍印度文官休谟提议召开一次印度国民大会。达弗林勋爵希望这能成为英国殖民统治的"安全阀"，他的提议很快被付诸实践。但是，当第一次印度国民大会召开时，其秉持的立场完全出乎达弗林的预料，以至于许多英籍印度人视该组织为一心想要叛乱的煽动性机构。

在潘尼迦眼中，早期国民大会运动的不足之处在于"食洋不化"和"挟洋自重"。当印度民族主义者回顾第一次国民大会时，他们很难从中看到任何可被称为民族主义的东西。诚然，它代表印度民众提出了一些政治主张，但是它所设想的"部分自由"的印度并非印度人的印度。国大党的早期领袖都是受西方文化洗礼，为西方思想主导的人士。西方优于东方的思想深深扎根于他们的脑海之中，某些最为强力的领导人甚至确信（而且并不掩饰这种确信），只有当印度实现欧洲化，它才能够在世界民族之林占据一席之地。在实践中，这些早期领袖呼吁印度抛弃自己的文明，采用别人的文明。所以，第一次印度国民大会上的主要议题不是政治解放，而是"社会改革"。拟议中的改革是西方化的，讨论最多的方案是对印度生活进行西方式变革的方案。在当时，对于所有印度自身的东西有着普遍而显著的质疑。"第一次印度国民大会标志着印度文明史上最重大的危机时刻，这种说法并不为过。"

潘尼迦认为："19世纪80年代的印度已经丧失了自己本土的灵魂。第一次国民大会所反映的并非一种本土的信仰，而是一种外国信仰的余晖——格莱斯顿式自由主义，约翰·米尔的崇高思想，格莱斯顿对自由的终身追求，这些当时在爱尔兰取得了极好的效果，成为立宪主义重要性的新证据，也为1885年印度国民大会的领导人们提供了动力和灵感。"之所以出现这种状况，英印官方教育体系的"去民族化"效应是其重要原因。当然，这些效应是预先设想的，英国殖民者对此毫不掩饰。麦考利委员会曾公开宣布，其目的就是要让"少年印度"与印度传统割裂开来，并植入另一种传统。麦考利及其同事认为，只要让印度新生代去阅读牛顿和帕斯卡尔的书籍，印度教文明大厦就会像积木般轰然倒下！这些杰出人士确信，根据他们的方案教育出来的印度新生代将会颠覆一切，将抛弃迦梨陀娑和巴伐布提，转而喜爱莎士比亚和高乃依。麦考利的设想取得了一定的成功。在第一次印度国民大会上，一些最杰出的人物尽管名义上是印度人，却是"肤色较深的英国人"，指导和鼓动这次大会的政治理念也并非来自印度，而是来自欧洲。

那么英籍印度人是如何看待这次大会的呢？潘尼迦将他们的反应分成了两类，并揭露了英籍印度人妄图"分而治之"的诡计。当然，尽管他们的意见不完全　致，但无论是在英国还是在印度，他们基本上都持反对意见。抛开其"冷酷"的程度不谈，所有英籍印度人都清楚地认识到"全印"民族解放运动的危险，于是他们立即着手采取预防措施。所谓"堡垒最容易从内部攻破"，他们努力寻找印度人内部的分歧，并主要围绕两点进行预防：其一，印度教徒和穆斯林之间的分歧，这种分歧存在于印度从上到下的各个社会阶层，且是无法弥合的分歧；其二，受教育阶层和封建地主之间的分歧，这种分歧没有前一种分歧那么广泛和显著。此后，英国人的治印方略虽然几度变化，但"分而治之"的核心政策却一直持续下来，最终导致了六十年后的印巴分治。"英籍印度人诡计"的最终胜利不免让潘尼迦感慨万分。

对于早期的印度民族主义运动，尤其是国大党的斗争史，印度著名诗人泰戈尔的评价并不高："印度政治运动史的初期，各党派之间并不存在今天所存在的冲突。当时有一个叫作印度国民大会的党，这个党没有真正的纲领。他们对于当局的调整有些不满。他们要求在议会中拥有更大的代表权，并在市政管理中有更多的自由。他们提出了一些零星的要求，但是没有建设性的理想。"

不过，潘尼迦却充分肯定了早期国民大会运动的成绩。"毋庸置疑，对于印度民族主义者来说，第一次印度国民大会看来具有划时代的意义。仅仅从这次大会召开本身，他们就看到了对印度政治统一的首次现代认同。而此次大会关于致力于'社会改革'的决定进一步强化了他们的信念，即印度的重生有赖于其政治统一。"潘尼迦指出，赛义德·艾哈迈德汗的背叛原本会造成致命性的影响，幸运的是，国民大会运动的领导人认识到仍然存在成功的机会，并已足够勇敢地抓住了它。他们始终坚持，国民大会是一个全国性机构，而不是族群式民族主义组织。即便在这些最黑暗的日子，当绝大多数印度穆斯林都陷入分裂主义的歧途时，这些国大党领导人也没有动摇或者退缩。他们坚守其所信仰的真理，即印度的宗教纷争是一个统一实体的内部分歧，他们为这个统一体保留了适于其组织的制度。他们的信念是伟大的，他们的成就是卓越的。与此同时，早期国民大会运动为印度民族解放运动的进一步发展培养了人才。所以，无论其局限和缺点何在，早期国民大会运动绝非仅仅是务虚的煽动，因为当时一些最有才能的印度人都是它的成员。特别是经过了早期的历练后，印度第二代民族主义者拥有了比较丰富的经验，而正是在他们的带领下，印度最终赢得了独立。

对"进攻性民族主义"和国大党极端派的推崇

19世纪末、20世纪初，伴随着"进攻性民族主义"的发展，国大党内部出现了极端派和温和派之争。潘尼迦对以提拉克（1856~1920，*印度资产阶级民族运动领导人，国大党小资产阶级激进派领袖，历史学家*）为首的极端派的政见褒奖有加，对温和派的主张则以批判为主。潘尼迦指出，直到19世纪末，印度国大党才接近所说的"进攻性民族主义"。早期印度民族主义领袖追求的目标是一些小恩小惠，如更多地参与印度的行政部门，在省级立法会议中逐渐引入代议制等。在早期的国民大会上，既没有对完全自治政府的普遍诉求，也没有对重大自治举措的诉求。当时，国大党还极少提及"自由印度"的概念，而后者已成为19世纪末、20世纪初民族主义的口号、规范和动力。然而，随着时间流转，印度国大党的境况和政策都在变化。在19世纪末举行的几次国民大会上，很显然一种新精神正在印度激荡，印度民族主义逐渐褪去温和的色彩，而变得更具"进攻性"。

对于这种转变的原因，潘尼迦的解释是："在一定程度上，这种转变是国民大会运动之外所发生事情的结果。当时，在南非发生了布尔战争。就整体而言，印度民族主义者对这场战争的看法是英国自由主义思潮的一部分，两者都将这场战争视为'帝国主义'侵略。这场战争对印度产生了非常深远的影响。"这种影响主要包括两个方面：其一，这场战争的进程削弱了英国的军事威望，英国自治背后的力量看来不再是所向披靡的；其二，这场战争的根源削弱了英国的政治威望。具有辉格党传统的英国已经为另一个英国所取代，后者远离人类历史上的自由精神，甚至与自由背道而驰。再反观印度国内，当时屡屡发生瘟疫、饥荒以及各种意外事件，这被很多人视为英国统治下的"人祸"，不满之情像野火一样在印度大地上燃烧起来。所有这些情绪都反映到了当时的几次国民大会上。英国的行政法案遭到了激烈的批评，国大党对英印政府的态度首次变得充满敌意。

曾几何时，新生代民族主义者已经对印度国大党本身感到不满。他们被国大党早期领袖们的巨大声望所吸引而加入了国民大会运动，但国民大会的政治低效让他们产生了疏离感。不满很快变成了公开的抗争。在国大党中，一些人已经对请愿、决议等方式丧失信心，他们不满将所有主动权都交给英印政府，他们也不愿像政治乞丐或虔诚的请愿者那样去乞求政府。"1901 年'新印度'党的成立可被视为这些新生代民族主义者的首次公开行动。他们的远见卓识，他们对印度祖国全身心的热爱，这些很快让他们成为最强力也最令人敬畏的政党。"

这个新党的领导人，正是激进民族主义之父提拉克。潘尼迦对提拉克充满了崇敬之情，不仅由于政见上的相似，也因为提拉克是自己的马拉塔族同乡。在潘尼迦看来，"提拉克的正统性无可指摘，他的爱国心不容置疑，不久后，他既是崇拜的偶像，又是咒骂的对象。他的个性成为其领导的民族解放运动的一个象征，他的公共职业则是该运动的一个缩影"。潘尼迦指出，在所有印度领袖中，提拉克第一个认识到，除非印度民族主义不再纯然是世俗力量，否则它就不会成为重要的力量。提拉克深厚的梵文功底和严格的宗教保守立场，使其在西海岸的印度教民众中具有很大的影响力。为了让这种影响力成为能重建印度的政治力量，他建立了"反对杀牛社团"，该组织很快成为极端宗教保守主义的焦点和机构。提拉克还提议举办了纪念"西瓦吉"庆祝会，试图让"西瓦吉"辉煌的历史传统成为一种激进马拉塔民族主义的基础和动力。潘尼迦赞誉提拉克为现代"西瓦吉"，并表示，在马拉塔邦国，没有人比这位现代"西瓦吉"更受欢迎，没有人受到如此的尊敬和爱戴。

在探究这种激进民族主义兴起的原因时，潘尼迦不忘对英国殖民者的愚蠢进行了揶揄。他颇具讽刺意味地指出，"拉杰帕特·雷、比平·章德拉·保尔等杰出的印度人士为促进这种新民族主义作出了许多贡献。但为之贡献最大的是一个英国人——英印总督寇松（1859～1925，1899～1905 年任印度总督）"。为什么这么说呢？"因为他（寇松）不够圆通，话语中常充满挑衅；他心胸狭隘，使得英帝国主义成为对印度人民情感的公开侮辱。他在教育上的反动政策，他对加尔各答公司的粗暴行径，他对那些竭力在政治上帮助印度的人士的蔑视，他将未受教育的大众（他自负地认为他们是拥护英国统治的）和受教育的少数精英（被认定是煽动叛乱者）分而治之的可笑尝试，种种倒行逆施之举使得最温和的民族主义者也变得激进起来。寇松愚蠢政策所激发的厌恶和愤恨之情在孟加拉分治问题上臻于极致。它在印度激起了一场难以平息的风暴。"

正是寇松一手导演的孟加拉分治，导致了极端民族主义政党"新印度"党的诞生，后者开始利用这个难得的宝贵机遇。提拉克及其同事非常清醒地认识到，除非他们能够利用其前辈所创建的组织，并将前辈们二十五年来坚持不懈的斗争所积累的巨大声望转为己用，否则新民族主义就不会产生他们所期望的结果。年轻一代需要用老一辈的权威来推动自己的工作。而孟加拉分治所造成的政治动荡带来了梦寐以求的机会。甚至印度的政治保守势力，如一些土邦王公都抗议英国此举。最初的抗议是以过去的请愿方式。数月后，印度为前所未有的愤怒之潮席卷，以请愿方式开始的抗议逐渐转变为公开的反抗。"抵制"和"杯葛"成为新党对寇松爵士的回答，在贝拿勒斯国民大会上，这也得到了大会主席郭克雷的公开批准。

除了孟加拉分治事件外，潘尼迦还从宏观的视角，强调日本赢得日俄战争对印度民族解放运动的推动作用。潘尼迦指出，正当英国殖民者的错误行径将印度民族主义逼至极端时，中国满洲发生的事情标志着世界史的新纪元：日本赢得了日俄战争！"对于数以百万计的印度人而言，日本的胜利代表着东方对西方、亚洲对欧洲的胜利，这种认识为印度民族解放运动注入了一种新的思潮，并在其中持续发酵。可以说，若不是受日本 1905 年胜利的鼓舞，印度民族主义在 1906 年和 1907 年就不会取得那么大的进展。"

由于上述种种原因，印度国民大会在 1905 年发生了巨大的变化。1903 年和 1904 年的国民大会与过去并没有太大差别，主要是对英国殖民者的抗议。但是，在贝拿勒斯召开的 1905 年国民大会上，一切变得很明显，所有人都感受到了国民大会的转变。潘尼迦将转变主要归结为两点。其一，"母亲，向你致敬！"这一震耳欲聋的呼声向世界宣告，印度爱国主义已不再是撒娇，而是热爱。没有印度人会否认早期国大党人的爱国之情。但是，他们的爱国之情更多的是一种智识，而非热烈的信念。"母亲，向你致敬！"的呼声证实了这种深刻的转变，这种转变将会开辟一个新的时代。其二，国大党极端派领袖提拉克在这次大会上权势迅速崛起。"这位几乎成为激进民族主义代名词的马拉塔族领袖将自己过人的精力都贡献给了印度的政治进步事业。印度不再是英国的属国，而要成为英联邦自治领中的平等一员，这是他思想的明灯，也是他努力的方向。"在 1905 年的国民大会上，提拉克应邀作出关于解决贫困问题的决议。现场气氛空前热烈，他在此次大会上所得到的拥护是前所未有的。对此，潘尼迦感慨道："现代'西瓦吉'已来到了自己的王国!"

"新印度"党的迅速崛起开辟了印度民族解放运动的新局面，然而国大党的内部分裂也随之而来，这让潘尼迦心痛不已。他指出，在1905年，新党的发展是如此迅速，以至于国大党温和派和英印政府大为震惊。暴力运动的信念像野火一样在印度大地上蔓延。英印政府急忙着手应对。它查封报纸，囚禁编辑，放逐领导人。但是，只要国大党自身没有公开分裂，英印政府的镇压措施就几乎无效。然而，尽管温和派不得不参加联合抗议，国大党内部的分歧已经深入骨髓。当人们憧憬1906年的国民大会时，分裂看来已不可避免。为了防止这样的灾难发生，各派力量曾联合起来向时任大会主席的瑙罗吉陈情。在1906年的国民大会上，瑙罗吉不仅批准了新党战斗性政策的核心要点，还宣布将"自治"作为国民大会的宗旨。从这一刻起，情势已经明朗化，国民大会运动要么整个由极端派来主导，要么将极端派清除出去。最后的结果是在1907年苏拉特国民大会上，温和派与英国当局妥协，将极端派排挤出党。在接下来的八年里，印度民族解放运动陷入分裂，而且各派力量之间存在着显著的敌意。

那么为什么会出现这种局面呢？潘尼迦认为，之所以如此，是因为早期的国大党领袖们对于印度的政治前途没有清晰的认识，他们只是向殖民当局提出一些意见，却不敢更进一步。无论是英国殖民官员，还是国大党领导人都未对新党关于"立即自治"的大胆要求作好准备。当后者提出这一要求时，他们惊诧不已。"由一个高深莫测的上帝引导着一群愚民，这就是温和派眼中的印度政治生活。他们虽然也吁请'自治'，但却拒绝加上'立刻'二字，以显示他们的节制。"在1907年，印度各派之间的矛盾进一步加剧。由于民众对新党充满热情，以至于温和派感觉自己被逼入死角，不得不背水一战。而英国殖民官员则感受到时代已经发生变化。在踌躇再三后，他们与温和派站到了一起，并公开声明将在政府中逐渐起用印度本国人。

对于国大党温和派和极端派之争，潘尼迦旗帜鲜明地站到了极端派一边。对于两者之间的主要分歧，潘尼迦援引了提拉克1908年的一次演讲，认为"从根本上说，这是一种零碎的政策和完整的政策之间的分歧"。以郭克雷为代表的国大党温和派认为，印度只有经历缓慢的成长才能获得政治成熟，在此之前，英国人的统治是必需的，可以为印度的成长提供保护和足够的时间。这些国大党温和派寄希望于特定的"宪制方法"，如公开会议、决议、代表团请愿等。实际上，他们是以英印政府可以被说服为前提的。他们以此为前提，却不能提供任何理由来证明，英印政府为何要纡尊降贵来进行谈判？而提拉克及其追随者所寻求的是完全的自治，并且要立即实现。在提拉克看来，印度有能力立刻实施自治，故而英国人的统治已是有百害而无一益了。实际上，"他们的立场就是印度的立即政治自决。他们的民族主义是一种完整的民族主义。它所追求的是一种完全形式的民族权利，并且是立即实现"。

在提拉克看来，温和派关于"在英印殖民政府中更大的参与权"的目标即便实现，在很大程度上也难以改变现状。只要英印政府并不完全对印度民众负责，而只对自己负责，只要印度民众还无法完全决定印度的需要，有害现状的各项要素就会持续下去。所以，与温和派的零碎政策不同，极端派提出了他们的完整政策——"立即自治"。极端派不指望英印政府会主动向他们移交权力、权利和义务。他们认为，必须采取某种强制措施。那么，应该做些什么呢？极端派倾向于用重大力量来实施强制。在他们看来，"宪制方法"是徒劳无功的。他们是战士，而非请愿者。他们的武器是"抵制"和"杯葛"。抵制政府、抵制法庭、抵制英国商品，组织一场普遍的消极服从（或曰消极抵制）运动，使得政府的统治难以为继，这是他们借以获得"自治"的方法。他们指出，所有政府能够存在的最重要支撑是威望。而抵制运动将会打击英印政府威望的根基。

对于英国殖民者利用分裂、软硬兼施的两面派手法，潘尼迦洞若观火。他指出，国大党的内部分裂给予英国政府不容错过的机会。当时执政的是自由党，莫尔利爵士担任内阁印度事务大臣。他对民族解放运动并不陌生，因为他曾在格莱斯顿内阁中担任爱尔兰事务主委。他从印度国大党的分裂中看到了机遇。他于是根据立宪主义的标准着手召集印度温和派，其新颁布法案中满足了早期国民大会的大多数诉求。莫尔利爵士的冒险一取得成功，英印政府就着手镇压那些不受召集者。在莫尔利的允许下，对"新印度"党的领袖及小事机构采取了强硬的镇压措施，新党办的报纸接连被查封，提拉克本人遭逮捕，并被投入缅甸曼德勒的监狱中。新党被摧毁、解散和禁声。在印度已经无法再听到它的声音。只有在巴黎和旧金山等海外孤地，还能听到一些流亡人士愤怒的抨击。

如何评价国大党极端派的斗争呢？对此，印度"诗圣"泰戈尔持非常反感的态度："这个党分裂了，出现了极端分子，他们主张独立行动，抛弃企求的方法——这是使一个人在思想上解除他对国家的责任感的最容易的办法。他们的理想是以西方历史为根据。他们对印度的特殊问题并不同情。他们不承认，我们的社会组织中存在着使印度不能同外族人相抗衡的种种原因这个明显的事实。"

与泰戈尔的反感相比，潘尼迦高度颂扬了以"新印度"党为代表的极端派的斗争。他指出，看起来似乎是国大党温和派及其提倡的"宪制方法"获得了胜利，但是推动莫尔利爵士召集温和派的绝非"宪制方法"。英国自由党政府之所以允许莫尔利爵士进行这样的冒险，正是因为"新印度"党所展现的印度民众的力量。"新印度"党虽然失败了，但却做了一些无人能敌之事，无论是貌似获胜的温和派还是英印政府自身都无法抵挡。"新印度"党存在时间很短，只有两年半之久。但是在如此短暂的时间内，它在印度的政治思潮中掀起了一场革命。在1907年，完全的自治还是一种异端邪说；如今，它已经成为公众生活的老生常谈。在这种转变中，那些被击败者最终取得了胜利。他们在两年半的时间内，让印度离自由更近了一步，其成就要超过温和派宪政方法一百年的功效。

对印度和英帝国的关系的思考

作为"大英帝国皇冠上的明珠"，殖民地时期的印度饱受英帝国的盘剥，也见证了英国殖民者种种令人发指的恶行。"如今，印度寻求在英联邦中拥有平等的地位。但是在它的儿女们，在这些仍然牵挂它的人们看来，印度在英国统治早期处于何种状况呢？他们所看到的是一个被废黜的王后，一个被忽视的母亲。"从本民族的利益和尊严出发，潘尼迦对"帝国主义"有着发自肺腑的憎恶之情，这恐怕也是绝大多数印度民众的心声。潘尼迦指出，对于印度人来说，"帝国"一词是令人厌恶的。在印度人看来，"帝国"是种族优越和"经济剥削"的同义词。他们将"帝国"理念等同于"炮舰贸易"的原则，后者被视为将印度捆绑到英国身上的黄金枷锁，这使得他们将帝国主义视为侵略性商业主义的代名词。印度教徒的民族自豪感进一步强化了他们对帝国主义的厌恶。这种自豪感是对"白人的负担"中潜在优越感的反抗，是对西方殖民者蔑视印度人态度的憎恶。

自治领是英帝国殖民地制度下一种特殊的国家体制。在19世纪，所有实行自治或半自治的英国殖民地，尤其那些已具备自身宪政体制的，如加拿大、澳大利亚、南非都被称作自治领。由于这些自治领对印度移民奉行歧视政策，潘尼迦对它们同样没有好感。"这些看来构成英帝国柱石的自治领，几乎让印度帝国主义绝无生成之可能。如今，澳大利亚通过严厉执行一项奇异而武断的语言测试来排斥印度人。加拿大并不排斥中国人或日本人，却以'持续航行法案'的形式对印度人设置严苛的入境障碍。该法案禁止所有这些从本国启程后没有'持续航行'的印度人入境。由于加拿大和印度之间没有直接通航，这一法案等于是完全的排斥。"当然，对印度人的种族歧视现象表现最显著的地方是南非，以至于潘尼迦认为"正是印度人在德兰士瓦和纳塔尔，乃至在南非全境受到的不公正待遇，使得受教育的印度人对帝国主义充满了憎恶，对英帝国充满了质疑"。

在19世纪末，印度劳动力是德兰士瓦发展的重要因素之一，当时该国的繁荣在相当程度上有赖于大规模的印度移民。但是，印度人在德兰士瓦受到了非人的待遇，使得英籍印度人和印度民族主义者之间出现了公开的争吵。而布尔人对印度人的态度因布尔战争的发生而变得更加恶劣。在德兰士瓦被英帝国吞并后，该地区印度移民的境遇进一步恶化了。他们根据印度传统仪式建立的正式婚姻关系，所生子嗣却被视为非法；不准许他们拥有房地产；不准许他们乘坐有轨电车或火车的头等和二等车厢。不过，南非的印度人并没有逆来顺受，他们拥有甘地这位伟大的领袖，并诉诸消极抵抗和政治罢工等现代政治手段。后来成为印度"圣雄"的甘地成长于南非的反种族歧视斗争中，他提出的闻名世界的"非暴力运动"口号也最早运用于南非。从 1893 年到 1914 年，甘地在南非度过了二十一年。在这里，他以非凡的智慧、过人的胆识和坚强的意志成为反对种族歧视斗争的著名领导人。1894 年，甘地在南非创建纳塔尔印度国民大会；1906 年，甘地领导二千余名印侨掀起了非暴力抵抗运动。通过艰苦斗争，1914 年 1 月，甘地和南非政府达成共识：当局承认印度式结婚的正当性以及废除"人口税"，非暴力运动取得初步胜利。当甘地从南非返回印度时，他已在世界历史上占有一席之地，并成为名声大振的著名社会活动家。

潘尼迦对甘地领导的南非印度人反种族歧视的斗争予以高度评价，认为它促成了印度国内民众的觉醒。"当时，英国殖民当局对南非印度人的反抗进行了干涉。这种粗暴的干涉在印度国内产生了巨大的影响，甚至国大党的温和派也深受震动。要知道，这些温和派此前一直唯英国人马首是瞻，并为自己是英帝国的臣民而扬扬得意。当他们的目光跨越大洋，在南非看到了什么样的情景呢？印度人受到侮辱、践踏和镇压，而英帝国既无能力也无意愿去保护他们。通过这些事件，印度本国民众觉醒过来，他们了解了印度在英帝国中的真正地位，这种觉醒是迅猛的。所以毫不奇怪，当英国提议印度和英帝国自治领之间建立更加紧密的关系时，印度各党派和社会舆论一致表示反对。'帝国纽带'已经名誉扫地了。"

不过，20 世纪 20 年代的潘尼迦像当时的大多数印度精英一样，并不希望印度脱离英帝国，所企求的仅是印度在英帝国中获得平等的政治对待，至于安全和防务问题，则可拱手交由英帝国来处理。潘尼迦甚至从英帝国成员的角度来考虑印度安全，认为应该加强对日本、德国等新兴强国的防范。他十分真切地指出，那些关注中亚和东亚政治的印度人应该清醒地认识到两件事：其一，印度是不列颠帝国最薄弱的部分；其二，英帝国内所有的自由和民族主义主张都必须，也应该从属于英联邦的总体安全需要。故而，印度事务，特别是防务和外交事务被视为英帝国的总体事务。日本成长为强国，德国通过与土耳其结盟而逼近波斯湾，俄国通过瓦解西亚汗国而直抵阿富汗边境，所有这些都成为印度自治不得不考虑的因素，因为它们让印度人明了，印度的政治进程取决于英帝国的总体安全。因而"帝国纽带"在印度民族主义思潮中拥有了新形式，它成为政治理念的保障，即人们最终明白，印度的利益和英帝国的利益是一致的。

自然，潘尼迦也为一战爆发后印度在英帝国中的地位上升而欢欣鼓舞。譬如，印度本土代表应邀参加了1917年的英帝国会议。在潘尼迦看来，英帝国政府的邀请开创了两者的新关系，不仅是印度和大不列颠之间，也包括印度和各自治领之间。由此，印度在英帝国中的地位已经发生了转变。印度和各自治领的未来关系将基于互惠原则，这种互惠原则有助于消除印度对各自治领根深蒂固的不信任之感。他积极呼吁英国加快在印度建立代议制和责任政府，让印度民众分享英国悠久的"自由传统"："对于3.25亿印度人而言，如果英帝国主义不能保证他们获得一个自由国家联邦中的自由公民权，那它不过是政治重商主义而已。如果畸形的政策因虚伪自私而让我们感到失望，这种失望将显示出英国的自由传统已不复存在。"在当时的英国，对于这一问题的认识也存在分歧。大多数普通英国民众或许并不了解印度的政治诉求，但已有一些有识之士深刻地认识到了这一问题，莱昂内尔·柯蒂斯就是其中最知名的一位。潘尼迦援引了柯蒂斯在《关于责任政府问题致印度人民的信》一文中的论述，强调代议制和责任政府的建立是英印政府所面临的最紧迫的问题，必须在亚洲问题的最终解决前立即着手进行，它已成为所谓印度自治的外部问题中的主要因素。

潘尼迦甚至冀望于一战后力量大为削弱的英国能与印度建立兄弟般的自由伙伴关系。潘尼迦指出，无论一战造成何种国际格局变化，它都不是终极性的。英帝国无法维持其现有国际地位，如果得不到印度的合作，它在东方的地位将日益式微。英印合作是可以进行的，但必须是在自由前提下的合作。英国人民正面临着一个巨大的机遇。他们要想抓住这个机遇，就要让自己引以为豪的英帝国展现出最伟大的兄弟情谊；他们要想抓住这个机遇，就要让印度和英国结成永不破裂的自由伙伴关系。只有以适当的方式抓住这个机遇，英帝国的问题才能够得以解决。最终的解决方法就是建立一个由英联邦成员国组成的联邦联盟，其中包括一个实现自治的印度。"自由是英国的力量所在，这也成为印度的力量所在。"潘尼迦一语道破天机。

二、对印度土邦问题的认识

作为出生于印度土邦，又长期在土邦任职的精英分子，潘尼迦对印度土邦问题有着特别的关注和深刻的认识。他曾就印度土邦问题撰写了相当数量的著作，其中一些甚至对他的人生轨迹产生了重大影响。比如，《印度土邦与印度政府关系研究入门》一书使他成为印度土邦相中的人才；《联邦印度》一书及其表达的联邦主义构想，则让他在土邦统治阶层中树敌不少。

对土邦在印度政治生活中的地位的厘清

潘尼迦指出，由于土邦的存在，印度的政治问题变得尤其复杂。无论是在英国，还是在印度，土邦问题都没有得到足够的重视。这些土邦在地位、权力和治理等方面千差万别，给印度自治的提倡者们造成了非同寻常的困难。但绝不能因此就将这些土邦弃之不顾，因为它们是印度有机整体的一部分，它们的未来与英属印度不可分割。

鉴于大多数人对土邦问题缺乏了解，潘尼迦陈述了两条基本事实：其一，印度土邦面积占全国国土的 1/3，人口占全国的 1/5。所以，我们需要面对的显然并非小问题。印度土邦的人口规模接近德国，而族群更为多样化，其统治者是自负而强大的王公阶层，即便伟大而精明的英印政府也认为对他们用安抚手段更为明智。其二，我们笼统称之为土邦，可如果稍不谨慎，这种言语上的便利很容易让我们误以为土邦存在某种政治统一性。海德拉巴和马达尼帕里都是土邦，前者的尼扎姆（18世纪至 1950 年间海德拉巴的君主称号）和后者的纳瓦布均是土邦王公。可是所有印度人都知道在两者一样的身份背后存在多么巨大而重要的差异。在处理土邦问题时，不能假定它们都持有同一立场，至少在印度自治问题上它们意见并不统一。

在英国，这些土邦常被称作"封建邦国"（Feudatory States）。潘尼迦认为这个称谓是完全不合适的。这种封建关系的实质可见于诸侯的效忠及其封地。但是土邦的统治者并非诸侯，他们的邦国也不是封地。英印政府虽然具有至高无上的权力，但它与土邦的权力关系并不是那种封建宗主关系。不过，很显然，即便最大的土邦所拥有的主权也是不完整的。譬如，1891 年的"印度政府决议"明确规定，国际法不适用于英印政府和印度土邦，土邦的宗主权属于英王陛下。几乎在所有情势下，英印政府和印度土邦之间都进行主权上的分割。在不同个案中，双方的主权份额取决于多种因素，最终取决于某个协议、条约或者惯例。自英国政府接管东印度公司的政治权力，并与印度土邦建立直接关系以来，已经呈现出一种明显的趋势，即帝国权力的增长和土邦权力的衰减。总体而言，土邦的独立性已显著下降。英帝国的权力成为一种四处扩张的影响力，这种影响力带来了一种共同的政治情感。而且，印度的政治统一性并不仅仅是土邦臣服于英国统治，它更是土邦与英属印度的重大融合。土邦和英属印度的民众已经成为一个统一整体的组成部分，这个统一的整体被称作印度。

潘尼迦坦承，印度土邦是落后的，土邦民众对于民族主义的呼声反应迟钝，土邦统治者秉持最为保守的政治立场。但他也指出，印度早期民族主义者没有给予土邦太多关注，或很少照顾到土邦民众及其统治者的情感，这是使得印度土邦转而投向英国殖民者的重要原因。早期的印度民族主义者认为印度自治只是与英属印度民众相关之事。他们很难相信，至少并不确信，土邦真的是印度的组成部分。"实际上，印度国民大会像所有其他布尔乔维亚运动一样，除了自身最为紧迫的特定利益，易于忘记其他事务。它未能看到印度民族解放运动特有的印度属性；它也未能认识到隐藏于多样化的印度生活和习俗之中的巨大统一性。"第一届印度国民大会的成员将土邦问题摒弃于他们的议事日程之外，他们对那些较为进步的土邦所推行的行政改革持怀疑态度。结果可想而知。这些土邦脱离了国民大会和印度民族解放运动，他们在某些问题上转而对英籍印度政客言听计从，而后者本来就想竭力挫败印度人寻求独立的努力。所以说，"早期的印度国民大会并未将土邦视为印度政治问题不可分割的部分，其关于印度政治问题只与英属印度相关的指导理念是完全错误的。有一点可以肯定，早期国民大会运动的失败，在很大程度上正是由于领导人对印度土邦的冷漠态度，以及在土邦问题上缺乏清晰界定的政策"。

只是在"自治党"迅速崛起后，才提出了一项有关土邦问题的相对清晰的政策。这项政策几乎立竿见影。土邦王公们的态度随即发生了转变，其过程类似于亨利二世统治时期英国贵族阶级态度的转变。这些印度土邦不再自视为独立的实体，土邦王公们开始明确地摒弃了狭隘的独立野心，他们接受了宪制贵族政治的角色，其主权权力将大为削减，但在印度政治发展和帝国政策导向中发挥显著作用。

在潘尼迦看来，印度自治的实现，不仅意味着英属印度立法行政机构的印度化，它还意味着在所有印度土地上本土政治的发展。当然，其实现过程会有许多的问题需要解决，有许多的困难需要克服。其中需要面对的第一个问题就是：英属印度的民众对于这些土邦拥有什么样的权利？英帝国对于印度土邦的宗主权是非常易于理解的。通过条约、协议以及一些毋庸置疑的事实，英帝国对印度土邦建立起了至高无上的统治，印度土邦成为英印政府的从属盟友。但是，当印度中央政府移交到印度人手中，它还能够以任何道义理由宣称对印度土邦的宗主权吗？如果在英属印度建立负责任的代议制政府，印度土邦还会在道义上承认印度中央政府至高无上的权力吗？很显然，英属印度的民众没有权利要求针对其土邦同胞的统治地位。既然如此，那么这些印度土邦和德里的新印度政府之间的正常关系应该是怎样的呢？

潘尼迦在土邦和印度政府关系问题上持有比较温和的态度。他不赞成那些激进主义者的政策主张，后者认为应该将印度的土邦王公阶层一扫而空。潘尼迦认为这种主张既不明智，也行不通。他也不赞成那些极端保守主义者的主张，即应该允许现存的关系维持下去，印度民族主义政府应该像现在的英印政府那样行使权力。"无论是从过去的历史，还是从印度土邦的现状，还是从印度爱国主义的未来来定义，都无法得出任何支持领土和主权分裂的结论。任何曾经认真审视过这个问题的人士都不会对此持有异议，也不会希望目前的分裂现状。"

潘尼迦比较赞成"蒙太鸠—切姆斯福德报告"的提议。该报告对那些拥有完全和独立的内政治理权的土邦和那些没有这种权力的土邦进行了宽泛的区分。被纳入第一类的土邦将与改革后的英印政府建立直接的关系。该报告公正地表示，这些较大土邦的地位不应该受到任何形式的损害。至于第二类土邦，实际上是由英印政府的行政官员所控制的较小土邦，该报告打算将其进行合并，其统治者仅保留王公的头衔而已。所有民族主义者都对这些建议持欢迎态度，因为他们根据不同土邦之间的根本差异进行了清晰的区分。

潘尼迦指出，如果说保留较大土邦对于印度的稳定有序发展至关重要，逐渐合并那些较小的土邦也有着同等的重要性。合并的理由有两个方面。首先，这些较小的土邦太小以至于无法独立生存。它们只有成为一个更大实体的组成部分，否则无法进行治理，无法想象它们会成为自给自足的实体。对它们来说，很显然，独立就意味着倒退。其次，当时分裂为数百个土邦的状况使得大量不必要的、冗余的统治机构成为必须。它们消耗大量的资源，让印度这样的贫困国家难以承受。潘尼迦特别强调了裁减土邦冗余的统治机构的必要性。当时，印度有超过六百个名义上的土邦。其中，至少有四百个是真正的邦国，拥有正式的行政体制。不过，其中约有五十个邦国没有明确的存在根据。如果将这些独立的行政机构废除，将能够节省非常可观的经费。

当然，这种合并行动要想取得成功，对土邦王公的善意就必不可少。潘尼迦认为可以开出这样的条件：这些合并后的土邦王公将保持其尊严和影响力，他们可以享受祖传的财产和个人财富，而不需要再承担治理之责。

有人认为，土邦民众对民族主义政治不感兴趣，实际上对英属印度的命运也态度冷漠。潘尼迦对这种说法进行了专门的批驳。他承认这种说法在一定程度上是事实。那些较大的土邦在各种内政事务上享有自治权，所以其民众并没有哀怨感，这些自治的土邦也很难感受到英国人的经济剥削。但是，毫无疑问，这些土邦的民众受同胞之情以及爱国主义情感的驱使，在自治诉求上，给予英属印度的民族主义者以专一的支持。他们已发现自己的荣辱得失并非仅仅与己有关，而是与英属印度的印度同胞们的荣辱得失息息相关。这种团结之情不仅得到了民众支持，也为土邦的统治阶层所共享。"对于印度祖国的未来而言，统一意识的日益觉醒是具有头等重要性之事。印度统一意识的觉醒将移除实现自治的最后一道障碍。它让印度成为一个国家，为印度在英联邦中赢得自由国家的地位开辟了道路。"

受挫的联邦主义构想

潘尼迦是坚定的联邦主义者。"我从牛津求学岁月开始就一直坚信，只有联邦制才适合印度，尤其是印度土邦"，"联邦主义的历史显示，在世界各地，联邦制已经成为实现国家统一的巅峰"。在土邦任职后，他曾认真研究德、美等西方国家联邦制度的发展历程及其宪法的具体内容，并在印度土邦的前途问题上公开宣扬联邦主义方案。潘尼迦的主张并不受土邦王公们的欢迎，但他却长期坚持，甚至为此交恶一些王公权贵也在所不惜。

为了缓和英印矛盾，1930 年至 1933 年，英国政府先后召集英属印度和印度土邦的代表在伦敦举行三次圆桌会议，就印度的制宪改革问题进行谈判。潘尼迦以王公院秘书的身份参加了谈判的全程。在他看来，20 世纪 30 年代的联邦谈判可能是王公们唯一一次站在印度政治舞台的最前沿，并有机会表达他们的愿望，决定他们自己的命运。在第一次圆桌会议召开前的王公院内部会议上，潘尼迦曾尝试把自己的联邦制主张写入会议的议程草案。但这一主张在会议上遭到了强烈反对。虽然感到失望，潘尼迦并没有气馁，他决定撰写一本著作来证明自己观点的正确性，并向王公们陈述联邦制的好处。在被任命为赴英王公代表团的秘书后，潘尼迦抓紧时间开始写作。一个月后，在第一次圆桌会议开幕当日，他的新著《联邦印度》刚好出版。英国当局以为该书的观点是印度王公们的授意。实际上，大多数王公都是反对联邦制的，有些王公甚至准备不惜任何代价来阻止有关印度独立的主张，潘尼迦的著作激怒了他们。

潘尼迦在书中颇具见地地指出："不能等到出现争吵或危机时，再来细致考虑适应国家需求的合适政治体制。促成新国家诞生或导致新宪法形成的情势可能是由鲜血和钢铁造就的，但是宪法本身必须要经过深谋远虑的规划。国家体制要实现科学和精妙的平衡；其各组成部分要相互吻合，它必须反映国家生活的基本因素。要实现这种平衡，切不可遵循权宜之需的随意原则。至于印度制宪问题，更是必须深谋远虑，因为它实在有太多的重要问题需要解决，所涉及的议题均至关重要。"

潘尼迦对制宪问题的思考基于其从印度历史中汲取的教益。在他看来，印度制宪议题中的首要问题，是平衡印度政治中向心和离心力量间的角力，以及实现其和解的方法问题。"在某种意义上，印度历史就是向心和离心力量角力的历史。拥有强大中央政府的伟大帝国建立起来，将次大陆不同区域统一起来，但随后又会陷入分裂。如此往来反复。至少从孔雀王朝（前320）起，印度历史就一直处于这种分裂与统一的循环之中。……因而，印度制宪的主要问题就是为其向心和离心力量提供一个稳定的平衡。"在他看来，在印度历史上，离心力量总是更强大，并在针对中央政府的斗争中最终获胜。所以，任何印度宪法都必须拥有两个基本属性：其一，中央政府必须拥有足够的力量统率下属各级政府，在行使其权力时要营造出一种民族忠诚感。其二，在涉及本地事务时，赋予下属各级政府的自治权利必须不受侵犯。中央政权必须要建立在全国共识的基础上；而宪法则有必要对中央政府各部门以及中央和地方之间的权力进行合理分配，以实现其相互间的协调。在印度，这种权力分配和协调至关重要。只有对中央政府和地方政府间的权力进行合理分配，才能确保宪法的长效性。

在制宪问题上，还必须要避免两种危险。一是避免建立一个专横的中央政府。如果将所有权力集中于中央政府，固然能在短时间内建立一个强大的国家，但是这种局面难以持久，因为地方主义的力量会持续进行反抗。如果建立一个完全不考虑各土邦的中央政府，就是对印度历史上最持久事实的无视。如果为了理论上的统一而强力推行这一进程，印度的国家生活将会处于危险之中，将会重新陷入混乱和无政府的状态，正如在莫卧儿帝国崩溃后出现的局面。二是避免建立一个过于弱势的中央政府。如果中央政府在自己的职责范围内不够强大，无法贯彻自己的决策或是阻遏分裂的力量，其造成的损害同样惊人。

有鉴于此，潘尼迦极力呼吁："向心和离心力量之间的角力必须终结，而只有以适当的宪法来平衡两种力量才能实现这一点。"在他看来，维持中央政权和邦之间权力上的区分正是联邦主义的实质。一个联邦体系应以下列因素为前提条件：一、应存在相互独立的各邦，它们愿意达成协议以建立一个中央政府；二、要拥有一部权力凌驾于所有其他政府机制之上的成文宪法，只有根据宪法规定的特定程序才能对其进行修订；三、应该赋予中央政府明确的权力，并建立机制来确保政府在立法、司法和行政等各领域的权力得到有效监督；四、应该建立机制来维护统一并保障各邦的权力；五、应该拥有司法力量来对宪法进行权威性的阐释。潘尼迦认为，当时的印度已经拥有联邦主义最为重要的一些前提条件，不过是以不完备的形式，所以这种联邦主义尚处于草创阶段。

英国政府根据三次圆桌会议的讨论，草拟了一份白皮书（1933），它后来成为1935年《印度政府法案》的基础。经过较长时间的酝酿，英印当局于1935年8月公布了经过修订的《印度政府法案》，将之作为制止暴力和推进自治这一双重政策的组成部分。在法案修订期间，潘尼迦曾被王公院主席帕蒂亚拉王公派往伦敦，努力为王公们争取权益。他在伦敦盘桓数月，较好地完成了这项任务。该法案规定，缅甸和亚丁将与印度分离，成为英国政府直辖殖民地；印度本身经各土邦王公同意后将成为一个由各省和各土邦共同组成的联邦。该法案给了作为英国统治可靠支柱的各土邦王公许多特权，用以加强英国统治集团和印度封建保守势力的联盟。各土邦的居民占印度全体居民的1/4，在联盟预算中来自各土邦的收入还不到1/10。但是，王公委派的代表却占中央立法议会成员的1/3，占国务会议成员的2/5。尼赫鲁对该法案的评价是："印度人民的代表丝毫没有影响或改变英国控制下的国家机关的机会。只有英国政府才能改变和改善它。"换句话说，这个政府法案完全是英国殖民当局统治意志的体现。不过在"省自治"问题上对印度资产阶级作出了某些让步。

尽管该法案给予土邦王公们许多特权，这些王公并非真的准备接受联邦计划。《印度通史》对此作如此解释："在印度有一种真正的改变，它使王公们担心。如果'英属印度'顺利获得了'民主的自由'，'王公们的印度'就不能保全'万恶的独裁制度'了。因此王公们就站在一旁，希望联邦计划的延期就等于是英属印度的'民主的自由'的实现也延期。大概还有一个重要的原因使得王公们不接受联邦计划。拉金德拉·普拉沙德博士在国大党孟买大会的主席致辞中包含了一个重要的声明：'王公们自己将比他们现在的情况更加无依无靠，不久他们就会认识到联邦的后果，以为联邦会使他们摆脱英属印度人民的有害干涉，但是毫不减轻他们对副王的屈从。'对王公们来说，接受联邦制度将意味着对二重权力的服从。印度联邦政府将在某些本质问题上控制土邦的行政，而大家都知道，在现在的情况下，中央总是以损害地方来壮大自己。可是接受联邦的控制并不会使王公们摆脱英皇最高权力无限制的控制。……换句话说，最高权力是至高无上的，即使'内部主权'的某一部分交给了国大党所统治的联邦。为什么王公们应该欢迎两个主人来代替一个主人呢？"由此可见，这些土邦王公们从自己的利益出发，是断难选择联邦制的。

而国大党和穆斯林联盟等主要势力也不支持联邦计划。国大党对联邦计划主要反对点之一是关于王公们在联邦中的地位。国大党领袖拉金德拉·普拉沙德曾抨击"联邦计划"是"这样一种联邦：其中无耻的独裁政府将盘踞印度的1/3，而且时常在窥探要窒息其他 2/3 地区的人民的意志"。当然还有其他的反对意见。国大党执行了一种和 1935 年的法案、特别是联邦计划一贯对立的政策，并设计了通过一次真正有代表性的制宪大会来草拟新宪法的民主原则。穆斯林联盟也指责"联邦计划"是"打算要无限期地阻挠和延搁实现印度最迫切的完全责任政府的目的"。英国殖民当局考虑到"联邦计划"已引起了印度社会各界的激烈批评，刺激了反帝运动的进展，也就将其无限期地搁置起来。

所以说，联邦主义构想的失败实乃特定历史情势使然。由于明确的联邦主义立场，潘尼迦在工公院内部树敌不少，也曾屡遭打击。不少王公认为他是一个激进主义者，又屡屡表达反对王公权力不受限制的观点，故而反对他继续在王公院任职。不过由于王公院主席帕蒂亚拉王公的坚持，潘尼迦得以留任。但伴随帕蒂亚拉王公 1938 年去世，印度土邦在联邦制问题上越发倒退了。支持联邦制的潘尼迦等人变得形单影只。在 1939 年的孟买王公会议上，反对与国大党合作的意见得到了王公们的拥护，潘尼迦等人被冷落一边，中央政府和王公们十年来的谈判最终搁浅。十年来的努力最终归于失败，这不免让潘尼迦颇为沮丧。"我知道这是个人的失败，而更让我感到绝望的是王公们的愚蠢。随着英属印度民众力量的显著增长，印度的君主制已经危如累卵。除非这些王公们有智慧和远见作出正确的抉择，否则他们将被一扫而空。唯一的替代选择就是联邦制，而这些王公却拒绝接受。不仅如此，难道有任何印度人能抗拒实现祖国统一和民族独立的愿景吗？实现这个目标的即时之路却被堵死了。总而言之，政治局面让我感到非常失望。"潘尼迦为了这个梦想付出了太多的心血，最后却被证明不过是水中月、镜中花。

为新生的印度共和国而奋斗

虽然长期在封建保守的印度土邦担任要职，潘尼迦却清醒地认识到民族主义的力量是不可阻挡的，如果王公们不与国大党进行妥协，他们就会被抛到一边。伴随着二战行将结束时国际形势的发展，他更加深刻地认识到这一点。潘尼迦对这一切洞若观火，同时又替自己所服务的印度王公阶层感到悲哀："尽管这一切已是路人皆知，但这些王公们自己却仍然处于无知状态。他们全神贯注于自己仪仗的规模、头衔和荣誉、个人权力等。并不奇怪，这些王公们在象牙王宫中过着穷奢极欲的生活，与自己的臣民相距甚远，对世界局势一无所知，他们对世界潮流和民心所向几乎毫不了解。相反，他们自欺欺人地认为，英国在全力以赴赢得战争后永远不会舍弃印度，英国会继续留在印度，并教训那些反对王公统治的英属印度国会议员。"

1945 年 2 月，潘尼迦代表比卡内尔土邦参加英联邦会议。回国后，他迅即推动王公院成立专门委员会与英国政府及英属印度领导人进行谈判。潘尼迦告诉自己的雇主比卡内尔土公，要抛弃不切实际的"独立"美梦，识时务的做法是加入印度，他还建议其他王公作出类似的选择。1945 年 5 月，王公院在孟买召开了专门会议，这次会议被潘尼迦视为"印度近代史上的一个里程碑"。潘尼迦在会上作了简要报告，强调了形势的严峻性，并直截了当地指出，除非王公们机智行事，否则将死路一条。会议最后决定挑选出一个强有力的委员会来负责谈判事务，潘尼迦成为其中一员，他也是整个委员会中从第一次圆桌会议起就持续参与制宪谈判的两名成员之一。

1946 年 3 月，英国政府派出以印度事务大臣为首的内阁特别使团访问印度，就英国向印度移交权力的程序进行协商。英国人希望能找到调解穆斯林联盟和国大党之争的解决方案。经过与印度政治领袖的讨论，使团提出了一个建立印度教徒区和穆斯林区的计划作为两大政党和解的基础。该计划最早提出了土邦自行决定归属权的问题。该计划指出：在英国的最高权力失效时，各王公的土邦"和后继的政府或几个政府缔结联邦关系，如果这点做不到，就和后继的政府或几个政府缔结个别政治协定"。这就是说，土邦在法律上将可以自由选择加入印度、巴基斯坦或者保留它们的分散独立状态。如果它们加入某个联邦，它们除了转让给联邦的权力以外，将保留一切其他权力，它们的代表将参加制宪机构的工作。

当时，王公内部关于土邦未来的分歧已经白热化。时任王公院大会主席的瓦纳卜提议，除了建立印度斯坦和巴基斯坦外，还应建立一个"拉贾斯坦国"，由印度的土邦组成，与印度和巴基斯坦形成三足鼎立之势。潘尼迦对这一提议深恶痛绝，将之视为"旨在削弱印度人权力的阴谋"。他在王公院大会上公开发言抨击瓦纳卜："'拉贾斯坦国'方案是危险的，将被印度公众视为叛国之举，这一方案只会增强穆斯林的力量和激怒国大党。由于大多数印度土邦都是印度斯坦境内的飞地，它们的分离必然会削弱印度斯坦；而且即便'拉贾斯坦国'真的成立，也只会增强海德拉巴等穆斯林土邦，进而增强穆斯林的影响力。组建所谓'拉贾斯坦国'的企图是对印度人权力的强行剥夺，如果哪个印度王公参与这个企图，印度人永远也不会原谅这样的罪行。"潘尼迦的发言得到了一些印度土邦王公的赞同，"拉贾斯坦国"方案最终胎死腹中。

此时，身为土邦政要的潘尼迦已与国大党领袖们暗通款曲，在国大党与部分亲印王公之间牵线搭桥，帮助说服亲印王公参加制宪会议，并努力阻止亲穆斯林王公谋求独立或投向巴基斯坦。至于国大党，它不承认"在印度的任何土邦有宣布独立、脱离印度的其他部分而孤立存在的权利"。它请求各王公使自己的土邦成为"印度联邦中的民主单位，从而为他们自己的人民和印度这个整体事业服务"。在国大党领导人的授意下，潘尼迦和比卡内尔王公曾将部分印度王公召集到德里，与国大党领导进行会谈；尼赫鲁等国大党领袖也曾来到比卡内尔王宫，与土邦王公和潘尼迦等土邦政要们共进晚餐。尼赫鲁承诺，国大党不会使用武力来解决任何问题，也不希望伤害王公们；无论印度土邦的未来如何，他将努力协调事项以避免对王公及其家庭造成伤害。在得到这一承诺后，这些王公们纷纷同意参加制宪会议。1947年1月，国大党领导人成立了专门委员会，土邦代表开始了和国大党之间的谈判。在谈判中，国大党作出了一定的让步，同意各土邦立宪会议的代表50%由立法机关选出，50%由王公指派。在谈判中，潘尼迦继续发挥了在国大党和土邦之间穿针引线、协调立场的作用。学者彭德拉·穆因在当时就指出，潘尼迦和比卡内尔王公"带领拉齐普特的土邦王公们向德里政权输诚，不过与过去的莫卧儿帝国或英国人不同，现在执政的是潘迪特·尼赫鲁。他们与国民大会达成了协议，从他们的角度来看，这样做或许是对的"。

1947年6月3日，英国末任英属印度总督公布印巴分治的"蒙巴顿方案"。在土邦问题上，方案沿袭了使团计划方案中关于土邦归属的原则。根据该方案，在1947年8月15日，各土邦在理论上有自由加入印度或巴基斯坦，或与英国保持旧有关系的权利。英国殖民当局当然最希望的是与土邦保持旧有的关系。所以，当海德拉巴尼扎姆声明希望保持"独立"的时候，受到了英国首相丘吉尔的热烈欢迎。然而，由于国大党在土邦问题上比较主动和细致的争取说服工作，到1947年8月15日印巴分治时，除了克什米尔、朱纳格和海德拉巴以外的所有印度土邦都加入了印度联邦。能出现这一结果，潘尼迦功不可没，绝大多数土邦王公选择加入印度联邦进一步证明了潘尼迦最初倡议的价值。

伴随印度的独立，曾经显赫一时、耀武扬威的王公们最终消失到历史的大幕后。问题在于，这些曾拥有荣耀头衔的王公是如何在眨眼间被扫到历史的垃圾堆中呢？很多人好奇时任印度土邦部部长帕特尔是如何在这么短的时间内做到这一切的。用潘尼迦的话来说："印度史诗记载，持斧罗摩经过二十一场激战后才最终消灭刹帝利的王公们，帕特尔却兵不血刃，就将印度王权制度清扫得干干净净。这些王公排着队前来签订《加入书》，然后收拾细软，体面离开。他们的臣属不见踪影，他们的军队一弹未发就已归顺。这一伟大变革的原因非常值得研究。"

对于个中原因，潘尼迦在自传中指出："当英国权力仍在印度存在时，我认为印度土邦作为部分自治的孤岛，其地位得到了应有的保护。但我从不怀疑，一旦印度实现独立，它们的末日也就为期不远了。其主要原因在于，民众已经失去了对其统治者的尊敬。随着自由运动不断积累力量，印度人民越来越厌恶作为英国人帮手和全民政府对头的王公们。甘地在拉杰果德的遭遇、国大党领导人在特拉凡科受迫害、尼赫鲁在克什米尔被捕，所有这些都强化了这种厌恶感。与此同时，原有的对王公的畏惧和敬重感已消失殆尽。"

三、亚洲主义意识

潘尼迦是一位有着强烈民族主义色彩和亚洲主义意识的政治家和东方历史学家。在审视本国民族主义和民族主义运动的同时，不忘放眼亚洲，为"亚洲主义"鼓与呼。为此，在论述西方对亚洲的殖民史时，他一改西方历史学家欧洲中心主义的狭隘视角，又避免了亚洲作为"历史受害者"的仇外心理，比较客观地分析了亚洲从西方殖民统治中获得的裨益及遭受的屈辱，以及西方从亚洲汲取的营养，展现了一个历史学家应有的客观和公正。正是基于这种客观公正，潘尼迦对亚洲主义的认识才如此的深刻。

重新审视东方和西方

潘尼迦将 1498 年至 1949 年称为"达·伽马时代"。"这四百五十年的历史始于达·伽马 1498 年抵达卡利卡特，终结于 1947 年英国军队从印度撤离以及欧洲人 1949 年从中国撤离，构成了一个有着清晰特征的历史时段……欧洲人控制亚洲各国的时期是这些国家历史的分水岭，无论是进行抵抗还是努力适应，它们都得培育出新的生命力，并有意识地使自己适应新的思想，这样它们才能逐渐恢复独立和力量。"潘尼迦认为，在"达·伽马时代"，亚洲国家在与欧洲四百五十年的交往中（其中有一个多世纪是处于西方的统治之下）产生的力量，促成了一场伟大的革命，影响涉及亚洲各国生活的方方面面。

在潘尼迦看来，西方影响最为持久的领域主要包括四个方面。首先是法律领域的影响，所有亚洲国家的司法体系都已根据法国大革命后的欧洲理念进行了根本变革和重组。其次是政治和社会结构的变化。在这方面，潘尼迦特别强调"东方专制主义"的终结："政权形式、政治权利的实质、最广泛意义上的民主、地方和市政治理等构成了亚洲最为奇特的变化。"再次是领土的真正统一。最后是思想和语言领域的变革。

在历数西方统治对亚洲的影响之后，潘尼迦并未忽略亚洲对欧洲的影响。"与亚洲交往对欧洲的影响尽管相对较少，但不能认为是无关紧要的。"资本主义在 17、18 和 19 世纪的成长，与其在亚洲的商贸扩张密切相关。西欧列强在这一时期的国内政治发展也和它们对亚洲属国的剥削，以及它们从东方贸易汲取的财富密切相关。欧洲人的饮食衣着也同样打上了永久的东方印记。中国文化和印度哲学思想对西方的影响近年来已经比较明显，长远的影响更是不可估量。此外，伟大亚洲民族的历史逐渐被视为人类文明共同遗产的组成部分，这将有助于打破狭隘的欧洲主义（将西方经验之外的所有事物视为仅具有次等重要性）。

正是这种特有的历史情怀，使得潘尼迦不仅看重包括印度在内的亚洲各国民族意识的觉醒，同时也强调亚洲主义意识的重要性，因为它是作为整体的亚洲与作为整体的欧洲的对应物。

为"亚洲主义"鼓与呼

潘尼迦认为，在与欧洲人的上一个百年交往中，民族主义的兴起是亚洲国家最为重要的进步。欧洲学者经常指出，亚洲人民在与欧洲人交往之前，并没有民族主义或者国籍意识。这种说法忽视了这一事实，即就算在欧洲，民族主义的兴起也主要是 19 世纪以后的事，是在抵抗拿破仑侵略战争的过程中才产生的。因此，"我们有理由强调，亚洲民族主义的发展与欧洲民族主义的成长并行不悖，都源于类似的情势，即对外国统治的抵抗"。无论是在中国、日本还是印度，爱国主义情感都深深植根于民众心中。但是亚洲各国因与欧洲人交往而产生的民族主义与这种爱国主义情感是不同的。它接受了国家个性的原则，是对一国领土内所有民众的身份证明，认同一国内部的民众是一种微妙的同胞关系。譬如，印度民族主义强调其人民的印度特性，这种特性源于他们共同的历史、文明和文化纽带，神奇地统一到印度斯坦的土地上。

民族主义还是一种对本国文化成就的自豪感，即作为一种伟大文化遗产的共同继承者而倍感自豪。毋庸赘言，印度、中国和日本都继承了非常丰富的文化遗产，事实上，这些国家还拥有一种认为本国文化更为优越的信念。但我们要认识到，这种信念在当前之所以能合理化，实有赖于西方学者对中印等亚洲国家文化的探佚和引介。当亚洲民众从野口米次郎（日本作家，1875~1947）所说的"第一次迷信西方的热潮"中恢复过来后，他们得以稳住阵脚，从本国文化中找到了重建智力尊严的"滋补品"。事实上，对欧洲政治统治的抵抗为新民族主义的兴起提供了动力，这种民族主义的基础和力量正存在于对本国文化不断增长的自豪感中。

除了亚洲各国的民族主义思潮外，潘尼迦还非常重视加强亚洲各国团结合作的亚洲主义意识。亚洲主义意识是20世纪东方觉醒的象征符号之一，最早的发明人要算日本学者冈仓天心（1863~1913）。冈仓在他1904年出版的《东方的理想》一书中开篇即发出惊人的宣言："亚洲是一个整体。"毫无疑问，这句话在很大程度上是对的，因为亚洲国家在传统、宗教信仰、社会组织、艺术等方面都具有共同性。当然，正如许多西方观察家所指出的，印度人和中国人在对待生活的态度上存在根本差异，特别是中国知识分子所具有的儒家式经世致用的态度，给西方观察家留下了深刻印象。但同样要看到，印度和中国的民众拥有许多相通的想法和情感，这是不容忽视的。为此，潘尼迦强调：应该记住，"欧洲国家在与亚洲国家打交道时，强调它们的团结一致，即'欧洲特性'。这必然会导致一种关于'亚洲特性'的共同认识的产生"。

在两次世界大战期间，伴随着民主主义运动在亚洲国家的兴起，亚洲团结意识开始显现出来。无疑，它主要基于反对殖民统治的共同情感。在为争取自由的斗争中，印度、中国、印尼以及其他亚洲国家的民族主义运动之间相互予以道义上的支持。1947年在德里举行的亚洲会议，是亚洲团结之情的第一次公开表达。这次会议的重要意义在于，除苏联外，大多数应邀与会的国家都尚未获得独立。第一次亚洲会议的关切是完成争取独立的斗争，它实际上是一次反对殖民主义和西方统治的示威。

"如果说亚洲民族主义的兴起是抵抗西方统治的直接结果，也是因与西方交往而恢复历史和文化自豪感的间接结果，亚洲主义意识则完全是欧洲人团结之心的对应物。"潘尼迦的这一论断无疑是正确的，同时也是时代呼声的反映。

第 3 章

一位外交家的战略理性

外交家是潘尼迦最当之无愧的头衔，也是他留给世人最普遍的印象。潘尼迦有着令人炫目的外交任职经历。他在土邦时期曾长期负责处理土邦的外交事务，其出色的外交才能受到了帕提亚拉王公和比卡内尔王公的赏识。印度独立后，他的才华同样为尼赫鲁所赏识，成为印度第二位由非职业人士出任的驻外使节（第一位是印度驻苏联大使施瑞玛蒂，系尼赫鲁的胞妹）。在印度外交政策的形成时期，他是尼赫鲁的主要外交政策顾问和智囊之一，颇受后者的倚重。比如，继续作为英联邦成员国这一重要外交决策，是印度政府在 1949 年 4 月作出的。考虑到印度当时普遍存在的反对英联邦情绪的力量（甚至包括尼赫鲁本人），印度政府作出这个决定，至少是部分地受到了潘尼迦在 1943 年至 1947 年期间鼓吹的防御战略思想的影响。所以，研究潘尼迦的外交思想，不仅有助于我们发掘印度外交的现实主义传统，也有助于我们发现印度外交政策在其实际执行中的某些异常现象和明显矛盾的线索。

一、现实主义外交思想的传承者

潘尼迦不仅有着丰富的外交实践经验，更有着扎实的历史素养，对世界历史和印度历史谙熟于胸，因而毫不奇怪，他对于外交的见解特别深刻。潘尼迦关于外交工作的系统思考可见于他的著作《外交的原则和实践》，这是他在德里经济学院所著的关于外交问题的演讲集。在阐述相对枯燥的外交理论时，他对历史案例信手拈来，叙议结合，生动有趣的文风极大地增强了著作的可读性。从这部著作中我们可以发现，潘尼迦对外交工作的认识充满了强烈的现实主义色彩。在他看来，"用于国际关系的外交是在与其他国家关系中推进本国利益的艺术"。

什么是外交的目标？

潘尼迦认为："所有外交关系的基本目标都是维护本国的利益。国家最根本的利益当然是安全。除此之外，经济利益、贸易、保护国民也是外交需要着力维护的重要利益。此外，现代外交还宽泛地将宣扬本国的文化和生活方式纳入合法职责范围之内，希望以此来赢得其他国家的尊敬，并带来普遍的善意和理解。"不过，除去这些附加性的东西，外交的根本职责仍然是维护国家的领土、政治和经济统一。对国家安全的威胁可能并不局限于军事侵略，尽管这是在历史上不断重复的经典形式，它还包括经济渗透、控制周边的战略要地、确保对一国的政治影响力等等。"外交的目的就是要警惕和挫败其他国家推行的那些旨在损害本国利益的政策举措。"

那么，外交又如何来寻求确保这些利益呢？潘尼迦指出："简单来说，一国外交政策的主要目标就是要强化与友好国家的关系，并使那些对己有敌意者转而变得中立。"一国通过谈判，试图与友邦和盟国联合起来。这种友谊和联盟有时源于共同的利益，也就是面对共同的威胁。但是即便在这种情况下，在对共同利益的认同转化为具有特定承诺的联盟之前，细致耐心的外交工作仍然必不可少。潘尼迦列举了近现代史上的一个经典案例：英法俄三国面对德意志帝国与日俱增的威胁，建立起三国协约的历史。英法俄三国的共同利益是明显的。德国威胁着英国的海上霸权和法国的欧陆强权，还试图扩张到被沙俄视为合法势力范围的巴尔干地区。但是仅仅认识到共同威胁并不足以自动促成同盟。仅在数年以前，英法两国几乎因为"法绍达事件"而开战；英法在暹罗的争夺也很激烈。至于沙俄，它一直是英国外交的劲敌。不仅如此，英俄两国在中国、中亚和伊朗的争夺几近白热化。此时，距离让英印外交家们大为恐慌的"潘德事件"发生还不过十年。在这起事件中，克什米尔王公普拉塔布·辛格因为私通俄国人的罪名而被废黜。寇松爵士非常权威地声明，俄国人正在拉萨使用阴谋诡计。但通过持续多年的耐心外交，这些敌意逐渐被消除，三国协约成功地建立起来。

让这些反对本国利益的国家中立化是同一外交政策的另一个侧面。一个很好的案例就是在一战爆发前，意大利被英法用巧妙的外交从其盟友德国身边离间了出来。为了增进它们的国家利益，1882年，德国、奥匈帝国和意大利三国建立了"三国同盟"。英法两国竭力通过外交来挑拨离间这个同盟。当意大利公开自己在的黎波里的扩张野心时，英法两国发现了一个天赐良机。意大利的扩张会损害奥斯曼土耳其帝国的利益。德国由于同奥斯曼帝国签订了盟约，无法支持意大利人，而英法两国已经分割了奥斯曼帝国在非洲较为富庶的地区，也就是埃及和突尼斯，所以热忱地欢迎意大利参与这场非洲豪夺。结果就是，当1914年8月一战爆发时，意大利选择了中立，它后来甚至加入了西方协约国一方，反对自己的前盟友。

潘尼迦指出："外交政策的基本目标之一就是要防止其他

国家联合起来反对自己；这就意味着她可能需要与一些国家妥协，向一些国家示好，乃至在别国的支持与援助有违本国利益或有利于敌国时，拒绝接受这些支持和援助。如果所有这些方法都不奏效，最终可能要诉诸武力时，外交的工作就是确保武力运用于最为有利的情势之下，并使世界确信，公道在你这边，你只是在捍卫自身的合法权益。"当然，在国际关系中，确定谁是侵略者，谁是被侵略者绝非易事。在历史上，冲突双方往往均宣称自己是被迫防卫者，而世界是否接受这样的宣称，则取决于外交的成败与否。英法两国在一战中的外交优势几乎使全世界信服，它们进行的不是一场民族利益之战，而是一场终结战争、挽救文明、将人类社会从回归野蛮中拯救出来的正义之战。

退一步言之，潘尼迦对于运用战争手段保持非常克制的态度。他援引了古代印度伟大的战略家考底利耶的话说："当从和平和战争中获得的利益基本等同时，人们应该选择和平，因为战争会带来诸如国力受损、财富遭劫等种种创伤。同样，当从战争和中立中获得的利益基本等同时，人们应该选择中立。"不过，无论是在考底利耶的时代还是在今天，都没有将战争或武力运用排除在政策工具之外。实际上，当其他手段失败或者形势更有利于诉诸武力时，战争总是被视为政治的延续。在国际关系中，武力的运用显然取决于多个因素，其中最重要的就是对胜算的权衡。国弱兵寡的小国，乃至经济困难或内战正酣的大国是无法有效使用武力的。弱国通过外交手段来寻求盟友，提高自身地位，以及创造出于己有利的情势。总之，"没有有效的外交，就无法发动战争或者赢得战争。即便是那些强大的国家，在战前糟糕的外交准备和战争期间无效的外交，也会招致失败和损失"。

放眼世界潮流的潘尼迦也注意到，在现代，一国的目标并不完全是政治或战略性的，尽管它们一直是外交的基本目标，其他因素只能处于从属地位。当今最主要的非政治目标是经济和商业性的。在所谓资本主义国家中，它包括寻找市场，维护海外已经取得的贸易或工业利益，消除竞争，获取经济情报，以及所有其他可以增进一国利益的合法活动。"在过去三十年里，商业外交已经成为国际生活中最为活跃的一个侧面。伴随自由贸易体制的崩溃和对国家经济的强调，各国都已发现可以将贸易用作政治事务中的主要工具之一。"一战之后，德国政府通过精心计划的贸易谈判体系在中欧和巴尔干地区建立起一个庞大的商业帝国。在二战时期，这个体系被运用至极致，既为了获得原材料以用于军事目的，也为了防止它们落入敌人之手。潘尼迦认为，经济外交在二战后进一步发展，尤其是朝着两个方向发展。其一是作为冷战中的战略工具。众所周知，在冷战时期，为了防止有战略价值的商品落入敌对阵营之手，东西方贸易曾被施加严厉限制，甚至不惜威胁使用政治制裁。其二是那些刚摆脱政治附属地位的新独立国家改造经济体系的努力。包括中国在内的亚洲国家刚刚摆脱半殖民地或殖民地的地位，并宣布了实现工业化和改变原有经济生活状况的决心。由于工业化依赖于生产资料，结果那些能够独自供应这些生产资料的大工业国因而处于一种有利地位，能够就政治经济利益、金融投资的优惠条款、贸易自由等讨价还价。配额、特许、货币管理以及其他商业交往的技巧，现在已经成为外交的一般性工具。

潘尼迦认为，经济外交被赋予的重要性还可以从各国外交机构的人事变化中窥见一斑。譬如，英国外交部设立了一个专门负责处理经济事务的新职位，其重要性仅略小于常务副部长。如今，在实际工作中，商务参赞和贸易专员被视为外交使团不可或缺的助手。由于国际贸易主要由国家控制，显然只有通过适当的外交谈判才能促进贸易。随着各国都急于建立适合于本国经济的贸易模式，这些问题的技术特质使得日常事务性工作必须由具备专业知识的人员掌控，在大使或分管部长的总体掌控和监督下开展。结果，为了适应现代外交所具有的贸易和经济目标，一个有别于原有领事职务的专门机制得以建立起来。

在经济外交中，潘尼迦又特意提到了粮食外交。"在二战后，外交还有一个新的发展，主要是在亚洲，即所谓粮食外交的出现。由于全球稻米的总体短缺状况，存在着各国对这种珍贵资源的争夺。"包括英国和印度在内的许多国家都要进口粮食来养活其民众。在自由贸易的美好往日，这不会造成严重的问题，正常的贸易渠道能够像处理其他商品那样处理这个问题。如今，粮食生产国根据自身意愿来出售粮食，结果是，不经过旷日持久的谈判，就难以维持必要的粮食供给。在谈判过程中，其他国家又经常横加干涉。印度与缅甸、泰国、中国和美国关于粮食问题的谈判，英国与阿根廷的谈判，无不显示出这一问题的复杂程度以及它对纯粹政治议题的影响。

尽管经济外交的重要性日益显现，但在潘尼迦看来，政治目标仍居于最重要的位置。"凡此种种，外交仍然主要是一个政治关系问题，其主要目标是服务于本国的长久利益。只有遇到严重危险时，我们才会忽略这些长久利益，或者拿它们来交换一些边缘或眼前利益。"在这方面，民众的反应在外交上是危险的。他援引了乔治·凯南对于美国政策的深刻分析："我们的许多麻烦看来源于政策执行受制于国内短期的民意取向，受制于民众对外交政策问题古怪而主观的反应。"美国的民众结构可能加剧了这一弱点。而在其他国家，根深蒂固的偏见以及公众的情绪化反应，经常会妨碍国家对长久利益的持续追求。

在对外交的目标——阐述后，潘尼迦表达了对"输出道德判断"的否定态度，认为这并非外交的目标，因为世界各国并不是按照同一种模式治理的，它们也不会遵循同一种政治、经济或社会理念。全球有君主国、共和国、独裁政权、民主国、新旧共产党国家，所有这些国家都在自己的领土上合法存在和有效运转。它们常常遵循不同的社会理念、经济体制和政治理论，各国都确信本国的是最好的。西班牙的弗朗哥政权坚持"长枪党"的社会理念和政治构想；中国则推行所谓的"人民外交"；奉行君主立宪制的英国如民主国家一般运转，其类型很难适用于埃塞俄比亚或沙特阿拉伯。"无论其国内体制如何，只要它们是稳定的政府，与他国的外交关系就必不可少。如果在建立或维持外交关系前，先要满足各自的道德或政治标准，那么外交本身就成为不可能之事。"当然，潘尼迦并不否认道德言辞的必要性。他指出，任何自认为握有绝对真理的外交官最终都必然会失败，但这并不意味外交官在表达中不会使用这些道貌岸然的道德言辞，譬如世界和平、民众天然的自由权利等，来合理化本国利益。一个希望维持现状的强国或者一个担心邻国的弱国，都会很自然地通过宣扬世界和平事业来合理化本国的利益。一般说来，当听到外交官或政治家阐述一个放之四海而皆准的大道理时，应该思索该人是否有所特指。

尽管潘尼迦不厌其烦地反复强调"外交的目的就是维护国家利益"，但他几乎用同样恳切的语气指出："这种认识也是千真万确，即外交官的职责就是建立友谊，并使用自己可支配的所有资源来培养友谊。如果其驻在国倾向于保持友好，或至少没有敌意，那么培养对本国的友谊就能够增强本国的地位，并帮助促进其利益。人们经常忘记，即便联盟和协议也必须建立在利益和友好的基础上。"不可否认，德法两国在二战后拥有共同利益，但只是在经过许多年的耐心外交，以消除两国民众的心理敌对和创造出一种持续友好关系之后，两国才建立了联盟关系。没有这种友好作为基础，联盟一遇紧张状态就会破裂。在这方面，潘尼迦特意列举了英法协约的例子，认为这是关于外交是如何克服传统的误解和恶意，促成两国民众之间的牢固友谊和两国政府之间的联盟关系的最佳案例。但凡了解过去三个世纪以来的英法关系史，或者看过两国对"法绍达事件"的反应，以及在世界其他地区的激烈争夺的人，都不会指望两国会在十到二十年的较短时间内建立起亲密关系。而一个更近的案例发生在希腊和土耳其之间。在不到三十年前，向亚洲大陆扩张的雄心诱使希腊向小亚细亚进军，却遭到穆斯塔法·凯末尔率军的迎头痛击，最终落荒而逃。伟大的城市士麦那被焚之一炬，世代居住在小亚细亚沿海地区的希腊人被迫迁离该地，成为背井离乡的难民。对于希腊和土耳其这两个百年世仇，上述悲剧看来给两国关系蒙上了一层漫无边际的阴影。如今，由于对共同利益的认知，两国得以产生一种友好情感，这为联盟条约的签订奠定了基础。

即便是在那些潜在的敌对国家的外交官，外交的目标仍是尽力争取友谊。潘尼迦深谙"堡垒最容易从内部攻破"之道："不大可能让一国政府改变它的既定政策，也不可能阻止一国对其所界定的利益的精心追求。但是，没有国家在内部组织上是如此铁板一块，没有哪个政府在本国境内得到的拥护是如此普遍，以至于未给任何持异见的团体留下生存和活动空间。所以说，为你的国家争取友谊仍然是可能的。"他列举了赫赫有名的塞缪尔·霍尔爵士的案例。霍尔在回忆录中记载了他在二战期间担任英国驻西班牙大使的有趣经历。霍尔爵士成功地在那些既不敌视也不积极支持弗朗哥政权的群体中建立起了一个对英友好团体。要知道，在霍尔爵士被任命为驻西班牙大使时，西班牙看来正坚定地追随希特勒的事业。霍尔发现自己受到了抵制，乃至受到许多羞辱。德国当时在西班牙的声望臻至极点。但是通过逐步而细致的外交工作，霍尔最终得以建立起一个友好群体，其中甚至包括一些公开的弗朗哥分子。所以说，建立友谊本身就是外交官应该追求的目标，因为他们关于维护国家安全和利益的大目标会因之受益或受损。

什么是服务于外交的国际关系研究？

历史上，国家间的外交关系很少超过那些与其在地理或利益上紧密相连的国度。直到 19 世纪下半叶，即便是最独立的亚洲国家，也没有考虑过在其他国家建立常驻外交使团或者研究其他国家的态势。无论是莫卧儿帝国还是马拉塔人，均对与之打交道的欧洲国家的力量来源一无所知；在第一次鸦片战争中想要抗击英军的清军将领们对英国海军的实力一无所知，固执地认为能够用帆船水师击败英国海军。由于这种对其他国家力量来源的无知，印度在很长时间内不得不臣服于外来强国，而中国也在长达一百多年的时间里成为欧洲列强的玩物。

在当今时代，对外部世界缺乏了解可能会带来灾难性的后果。国家之间的力量关系不断变化，除非一个国家能够了解并根据情势变化自我调整，否则它的安全就会处于严重的危险之中。"我们当今的时代就见证了这种变化，其性质是巨变，其效果是革命性的，甚至可以说国际关系图景在过去二十年里已经发生了彻底的改变。即便是世界上最强大的国家，要想维持其地位，也必须对力量关系进行持续而机警的研究。"这就是潘尼迦的忠告：为外交服务的国际关系研究从根本上说是一种力量关系研究。当然，这里的力量不仅包括军事力量，也包括政治稳定、领导能力、工业实力以及构成国家力量的所有因素。如果对世界其他地区的社会生活变化和情势一无所知，一国就无法构建有利于自己的生存环境。

潘尼迦批评了印度历史上表现出来的对次大陆以外事务漠不关心的倾向。他指出，从较早时期，印度就对本国疆界外的权势变化缺乏兴趣。"印度的外交理念局限于其地理界限内的国家。在这一区域内，在不同时代，印度发展出一套国际关系和外交往来体系。但是只要超出印度所关注的物理疆界，我们就满足于保持一种自满的无知态度。"兴都库什山脉的权势变化会对印度恒河流域的政治产生深刻的影响，这是印度历史上众所周知的事实。从第一次雅利安入侵开始，这就是印度政治演进的决定性因素之一。在喀布尔地区出现强国，无论是迦腻色迦王（127~151，贵霜帝国君主）、伽色尼的马茂德（971~1030，伽色尼王朝苏丹），还是艾哈迈德·沙赫·杜拉尼（1722~1773，阿富汗帝国创始人），都对印度内部事务产生了深刻的影响。然而对于这些印度恒河流域的大国来说，它们仍然对中亚地区情势发展毫不知晓，因而也就不能采取必要举措来捍卫自身的独立。在伽色尼的马茂德时代，这位君主曾经竭尽全力来搜集和评估关于印度政局的情报，并评估不同印度邦国的力量来源。与之相比，达尔的婆迦王和古吉拉特的帕拉提哈拉王等伟大君主，则对喀布尔山谷所发生的革命性变化以及马茂德所继承和扩展的强国的力量一无所知。

潘尼迦将古印度邦国的无知状态与后来英印殖民当局积极了解并应对国际事态变化的态度进行了鲜明的对比，对后者赞赏有加。譬如，拿破仑入侵埃及被英国视为是一个影响印度安全的事件。当拿破仑和沙皇亚历山大达成提尔西特协议时，英印当局立即向波斯派出了一个使团，目的就是考察该国防务力量的真实水平，并探究与该国政府结盟的可能性。与之相似，当沙皇俄国向中亚推进时，英国立即采取反制措施，谋求阿富汗的中立化。英国人细致地研究疆界外的情势，并培养了大批专家，专门研究印度邻近地区或与印度国防利益攸关地区的地理、语言、政治状况和经济结构。这些敏感地区包括：西北边疆及邻近地区，波斯湾地区，中国西藏和喜马拉雅山地区，中国新疆，阿拉木图以及中亚其他地区。印度总督寇松对此进行了精辟的论述："印度就像一座要塞，以大海为其两面的巨大壕沟，以山脉为其剩余部分的围墙。但是，这些围墙往往并不具有难以越过的高度，容许人们轻易地闯过，在围墙那边，伸展着具有不同的宽度和长度的缓斜坡。我们并不想要占据它，但我们也不能看到它为我们的敌人所占据。我们十分愿意让它留在我们的同盟者和朋友的手中，但是，如果竞争者和敌对势力偷偷靠近它，直接安置在我们围墙的底下，我们就不得不进行干涉，因为某天一种威胁我们安全的危险情势可能会由此而生。以上是在阿拉伯半岛、波斯、阿富汗、西藏和东到暹罗那么远的地方的整个立场的秘密。一个指挥官如果仅仅给他在印度的要塞围墙配备人员而不往远处看，那就是个目光短浅的人。"

潘尼迦非常重视地缘政治特性对外交的影响，认为"外交政策必须以一个国家的历史和地理背景为基础，换句话说，我们是从自己所居住的地方去观察世界的"，结果，"很容易就能看出地理与安全之间的紧密联系，如果说地理主导外交政策，也并非完全是夸张"。由于国家的地理特征具有恒久性，各国的外交政策也都有某些不变的侧面。事实上，一些案例能够阐释这句话的真理性。从自身的安全考虑出发，英国外交政策中最基本的因素就是防止欧洲大陆出现一个敌对的统一强权。从爱德华三世迄今，英国一直在竭尽所能抵制任何欧陆国家统一大陆的努力。与之相似，法国一直将莱茵河视为自己的疆界，这项政策持续不变，无论在法国当政的是国王、皇帝还是总统。

印度自然也不例外。"印度的内政和外交关系主要是由其不可改变的地理状况和与其他相邻国家的空间距离关系决定的。"一旦印度在英国的统治下实现了自身的统一，地理的恒定作用就开始显示出来。一些地区变得对印度安全至关重要，敌对强国控制这些地区意味着对印度独立和自由的永久威胁，新加坡、安达曼群岛和亚丁均在此列。印度如果要维持自身的独立，它就不能允许这些战略要地落入那些可能会对其持敌视态度的国家之手。

印度曾经表现出的地理隔离感，以及目光局限于次大陆地区，拒绝与区外国家发生关系的倾向，被潘尼迦视为历史弱点。他强烈呼吁当今印度要克服历史弱点，"要了解世界其他地区的情势发展，不是因为我们在世界各地都有重要利益，而是因为世界局势已经发生重大变化，以至于在最为遥远地区的事态也可能会以几乎无人察觉的方式影响我们"。其中，最为重要的地区仍然是印度的近邻区域，所以对这些地区的情势进行研究具有持久的重要性。但是随着经济、政治和军事形势的发展，其他地区也变得重要而敏感。这里，潘尼迦特别强调了西藏和印度的东北边疆。"在印度的漫长历史上，西藏和东北边疆从未成为印度国防的重要关注区域。西藏的地理、政治和社会状况为我们的安全提供了足够的保障；而为密林和高山所阻隔的东北边疆也是一个安全的边疆。喜马拉雅山为我们提供了一个几乎无法逾越的围墙，从没有侵略者曾越过它来进入印度。然而今天，一个强大的军事强国出现在喜马拉雅山的另一侧，从喀喇昆仑山脉一直伸展到缅甸边界，已完全改变了原来的态势。"这只是国际关系领域风云变幻的一个案例，如果不予了解，就完全无法制定国家政策。

什么是内政与外交的关系？

潘尼迦非常重视内政对外交的影响，认为国内政策对对外关系的影响要超过大多数人的想象，"一国外交的有效性在很大程度上取决于她的内部力量"。如果一国处于长期的内战状态，或者处于经济崩溃的状态，那么无论该国外交技巧如何纯熟，外交人员如何干练，其外交最终也不会取得成效。政府的不断变换，政策的朝令夕改以及内部弱点，会导致该国行为的不确定性。即便它跻身于强国之列，该国的信誉也不免缺失，以至于其外交会无足轻重。该国使节的承诺只会被有保留地接受；该国的外交手段会被他国谨慎地看待；该国关于联盟或支援的提议不会激发他国的热情；反之，该国的不满或抗议也难以引起他国重视。外交政策是一国的内政和国力的反映。"没有什么比本国的内部弱点更能削弱外交官的力量的了。"潘尼迦指出，外国政府如果认为它们所打交道的政府没有得到民众的拥戴，它们就不会重视该国的诉求。实际上，影响使节处境的最重要因素就是他所代表的政府的实力和能力。一个著名案例就是两次大战期间法国软弱的外交政策，法国的内部弱点清晰地反映到其驻外使节威望的丧失。国共内战期间中国驻外使节的地位是另一个案例。路易·拿破仑曾试图与德国建立联盟，却因为内政中的教权主义阻碍而失败。一般来说，一国的国内政策与对外事务是紧密相连的，但是也有例外。譬如，黎塞留主政时的法国在国内奉行亲天主教政策，却在国际上奉行亲清教徒政策，并取得了巨大的成功。

在内政影响外交方面，意识形态因素和革命国家心理都有非常典型的表现。就意识形态而言，"造成国际矛盾的意识形态分歧是国内政策在对外事务中的反映"。一个拥有明确意识形态的国家，比如法西斯国家、共产党国家或民主国家，发现自身对那些异己国家没有同情之心。这并不是国际关系中的新特征。从历史上看，在整个19世纪，中欧的封建君主国和沙俄因为正统主义原则而紧紧地联系在一起。俾斯麦在执行一项与路易·拿破仑达成的协议时遇到了很大的困难，因为普鲁士君主视法国为僭权的君主国，在心理上极为憎恶。希特勒和墨索里尼的联盟是建立在他们共同意识形态的基础之上，这在他们签署的《反共产国际协定》中予以阐明。弗朗哥统治下的西班牙之所以加入德意阵营，也是基于同样的态度。同样，当今的新民主国家由于意识形态的相似性而团结在一起。就革命国家心理而言，"革命心理致使国际关系出现困难，这源于革命国家的国内政策经常与其他国家公认的信条和政策相冲突。这也源于革命国家的自以为是，徒劳地认为世界其他国家会效仿它"。"一场伟大革命中所固有的普世主义情结从根本上与国家利益相矛盾，因而与国际惯例是不相容的。革命外交政策中的异常和矛盾也由此而来。"法国大革命后的外交政策清晰地证明了这些事实。在十月革命发生约十年后，坚信世界其他国家将会效仿自己的信念仍然影响着苏联的对外政策。

什么是外交的艺术？

潘尼迦指出："尽管外交的目标是维护本国的重要利益，

但一个外交官却要牢记，他与之打交道的同行们有着完全一样的目标，即捍卫其本国的利益。"与之打交道的这些同行训练有素、经验丰富，很清楚对手的力量和弱点。也就是说，当 A 国的大使与 B 国的外长会谈时，双方追求的目标都是维护乃至尽可能增进其本国利益，希望尽可能少地付出和尽可能多地获取。"天下没有免费的午餐"，这是谈判的法则；如果想要得到，就要有所付出。所付出的可能是对未来支持的承诺，对某项行为底线的修正，在其他某些领域的友好利益。但有一点可以肯定，即除非它能得到回报，否则没有国家愿意牺牲一丁点利益。所以说，"外交就是交换的艺术"。在外交的手段和方法上，潘尼迦遵循了一种实用主义的原则，他信奉的首要格言就是："应该用政策产生的后果来判断政策的好坏，那些造成不利结果的就是坏政策。"换句话说，只要能达成目的，几乎可以不择手段。从这种评判标准出发，难怪他对考底利耶提出的四项原则推崇备至，却对流于形式的联合国外交相当不屑。

考底利耶的四项原则

毫无疑问，潘尼迦曾精研古印度政治家考底利耶的著作，并从中汲取了大量的养分。考底利耶是古印度政治家、哲学家、摩揭陀国孔雀王朝大臣，由于擅长权谋，被后人称为"印度的马基雅维利"。他所著的《政事论》是古印度最重要的政治文献之一，成为印度历代政治家的从政指南。考底利耶《政事论》的第七册全部是关于外交政策以及联盟的本质、通过正确的政策来维护国家利益的方法等。该书将封建时代的外交政策概括为六个方面：第一，和平共处（当一国处于劣势时，应谋求与强大的一方协调和共处）；第二，战争（实力占优的一方应发动战争）；第三，中立（认为敌人无法伤害我、同时我也不够强大到足以摧毁敌人时，应维持中立）；第四，进攻

（拥有进攻所需的手段的国家应对敌人发动进攻）；第五，联盟（缺乏防护自己所需的实力的国家，应寻求他国的保护）；第六，双重政策（与一国实现和平，而对另一国发动战争，以实现其目的）。考底利耶指出，通过对上述方法单独或综合的运用，就能够建立一个足以确保自己生存的强大帝国。对这六个政策选项应该灵活取舍，"任何君主都不应该固守这些有损本国利益，却丝毫无害于敌国的政策形式"。潘尼迦对此颇以为然。

考底利耶将外交的手段和方法归结为四项逐步递进的原则：说服（sāma），妥协（dāna），决裂（bhéda）和强制（dandā）。潘尼迦认为，这四项原则迄今有效，"很难有更高明的提法"。那么什么是 sāma 呢？这是一种总体的友好和说服态度，基于理性和利益的礼貌争论的方式。这是外交的首要和正常手段。Dāna 的字面意义是"礼物"，其中包括接受损失、限制利益、撤退、为达成自身目标而作出一些利益让步等。"天底下没有免费的午餐"（nothing for nothing），这是外交的准则，你要想达成一个重要的目标，就要准备好付出某些东西。这是妥协的方式。如果说服和妥协都不奏效，就可以考虑使用决裂（bhéda）。正常的外交应明智地综合使用前三项原则，同时清醒地意识到还有最后一项原则，尽管由于情势所迫或结果的不确定性，可能不会诉诸该原则，即强制（dandā）。

在日常外交工作中，说服和妥协能够发挥充分作用。但是，"应该记住，外交官的工作涉及各种具体问题。政府经常发表一些一般性政策声明，但是即便是最易理解，得到最普遍接受的政策声明也要小心细致地转化为各种能够处理的具体问题"。譬如，两个邻国同意裁减军队，可以很容易地在议会发表一般性声明，它能激发两国民众内心的热情和希望。但此后这个问题就要放入外交层面，要讨论各个细节，并达成关于人员、武器、准军事组织的精确协议。"实际上，所有外交都涉及精确细节的问题，因为最细微的模糊之处也会导致误解，甚至可能造成漏洞。这种精确定义、避免模糊的概说以及细致的预留，是外交官与对手进行谈判时的主要工作。这并不是说外交工作本质上是把事情简化为书面工作。很多事情是由正式谈判或私下交谈来决定的，但只有双方达成的谅解能够转化为适当的措辞，并且经过双方的审核和同意，才能认为它们是具有约束力的。"

如果说服（sāma）和妥协（dāna）是外交官的日常工作，并不意味着决裂（bhéda）和强制（dandā）就不经常使用。时至今日，国家仍会诉诸召回大使、断绝外交关系以及其他显示极为不满或憎恶的方式。比如，为了抗议南非政府的排印政策，印度曾召回驻开普敦高级专员。但是不要总把决裂的方法运用至极端。这种手段在运用上存在一些微妙的差异，能够恰到好处地表达憎恶和抗议，又不会吸引不必要的公众注意。因而除了正式召回大使外，还可以让他以休假的名义回国，并相当长时间内不返回工作岗位，也可以在较长时间内让代办来代理其职。有多种其他方法可以有效地显示一国对另一国的不满，而又不会严重影响两国的外交关系。

最后的外交手段是强制（dandā）。但是，没有必要将之与战争等同起来，还有其他施加压力的方式，在某些特定情况下同样有效。在两次世界大战期间，"制裁"一词被普遍使用，即用制裁来让一个越轨的国家回归理性。最有名的案例就是国联试图以这种方式向墨索里尼施加压力。当时使用的制裁手段主要是经济性的，这不应该让我们产生错觉，认为诸如封锁、抵制和拒绝过境权等不会导致战争的手段就不能有效地向他国施压。印度人知道抵制是多么的有效。弱国常定期用它来反抗强国。从 1917 年到中日战争爆发，抵制成为中国人运用自如的武器，主要针对日本人，有时也针对英国人。

潘尼迦指出："战争是外交的最后一幕。当所有手段和方法都不奏效时，国家就会试图用战争来达成目的。就其本质而言，战争就是用武力来获取外交用和平手段无法获取的东西。"但他也强调指出，认为当战争开始即宣告外交结束的观点是错误的。当然，在战事仍在进行时，人们一般不与自己的敌人公开谈判。潘尼迦列举了 1950 年至 1953 年的朝鲜战争为例。在这场战争中，紧张的战事与旷日持久的停战谈判同时进行，显示这一原则并非没有例外。因而，"认为一旦战争开始，外交就应该退居其次，以静待最终胜负的看法，是一个巨大的错误。应该尽力通过外交手段来削弱敌国的抵抗，在战争中击败对手；如果可能的话，让其接受失败以缩短战争"。在一战和二战中，冲突双方都不断直接吁求于敌国的民众，而非其政府首脑。

联合国外交——外交的对立面

1945 年，潘尼迦曾以印度代表团成员身份参加联合国成立大会。他在著作中对联合国外交进行了专门的论述。潘尼迦指出，二战结束后，外交的另一侧面变得非常重要，这就是联合国外交。联合国的前身是国际联盟。"一战后，一个所谓国际论坛的出现从许多方面来说都是一件重要的事情。它的诞生源于一种模糊的认识，即战争的代价实在是过于高昂，应该通过集体行动来寻求国家安全。集体安全成为口号，尤其是那些弱小国家希望它们的自由和领土能够获得国联的保障。"如果这是可能的，外交的主要目标（维护国家安全）也就已经达成。很多人认为国联能够做到这一点，因而国家能够逐渐裁减军备，将军费用作它途。随后，裁军成为日内瓦国联大会的主要议题。然而，中国满洲以及随后埃塞俄比亚的命运显示，尽管国联提供了一个各国讨论的场所，但是它并不能帮助解决国家安全的问题。国联的投票结果以及制裁措施未能阻止墨索里尼的扩张计划。后来，当希特勒肢解捷克斯洛伐克时，甚至那些政治盲人也能看出国联无法为国家安全问题提供答案。因而，在第二次世界大战后，一个新组织在旧世界的废墟中建立起来，其公开目标就是要确保各国的集体安全。

潘尼迦并不看好联合国外交的效果。在他看来，国家外交的目标或职责并没有因为联合国的存在而受到重大影响。更何况，"联合国大会上所发生之事甚至很难称作外交。它是讨论和辩论，攻击和雄辩，这些恰好是外交的对立面。外交应该以一种平静的态度进行，而不应有宣传机构参与。外交没有观众，整个心理状态因而是不同的。反过来说，在联合国，与会人员向整个世界发表演讲。所有事情自然退化为攻击和雄辩，其目的在某些情况下是为了打动某国的民众，在其他情况下，则是为了取悦其他国家的民众和团体。在联合国，通常而言，与会人员在诱导世界舆论；在外交中，外交官则试图达成协议"。

二、"新外交"风潮的鼓吹者

在《外交的原则与实践》一书中，潘尼迦将外交的发展史大致分成了古代外交、近代外交和现代外交三个阶段。其中，从一战结束到二战结束这段时期，是新旧外交的交替时期。所谓"新外交"，是指将处理内政的所谓"自由、民主"理念应用于处理外交事务，也被称作"民主化"的外交。有学者主张，1918年1月美国总统威尔逊"十四点计划"的提出或1917年11月列宁所倡导的"人民外交"，皆可被视为"新外交"的开端。潘尼迦是"新外交"风潮的亲历者，对新旧外交的更替有着细致的观察和深刻的思考。他在著述中对新旧外交进行了细致的比较，尤其比照了两者在宣传手段方面的不同。

潘尼迦眼中的外交发展"三部曲"

"从有组织的国家存在的早期开始，就已经有外交和外交官存在，因为如果没有对外关系，国家很难生存下去。"在古代外交中，潘尼迦主要介绍了印度自身的外交活动。为此，潘尼迦引述了一个古代印度外交的经典故事——俱卢之野大战前夕的外交战。当"黑天"克里希纳被"坚战王"尤帝士提尔任命为出使俱卢族王庭的特使时，"坚战王"的王后、蒂劳柏迪公主询问他，在承担如此无望的使命时，他的目的何在。克里希纳答道："我将去俱卢族王庭为你们陈情，我要竭力让他们接受你们的要求，如果我的努力归于失败，双方的战争不可避免，我要向世界显示，公道在我们这边，这样世界就不会对我们产生误解。"在潘尼迦看来，外交的所有秘密都包含在克里希纳的这段阐述中。潘尼迦对考底利耶关于外交的论述同样赞赏有加："他所说的说服—妥协—决裂—强制的准则，迄今仍是所有外交的基础。如今，虽然一种新的外交规则看来即将产生，但考底利耶关于外交的某些理念仍值得记取。他的著作尽管写于公元前4世纪，却迄今有效。"古希腊和罗马的外交也为潘尼迦所推崇。他指出，古希腊城邦国家建立了一整套外交体系，对今人有很大的启示。希腊城邦国家间通过谈判来签署条约，建立联盟和达成各种涉及外交使团的协议，拥有·套细致而公认的程序。罗马人也建立了一套外交体系。众所周知，拜占庭王室的外交已经成为一种精妙的艺术，用盛大的庆祝仪式来欢迎外国使团。

欧洲列强主导的近代外交被潘尼迦视为经典外交的时代。"尽管外交拥有漫长的历史，各个时期的君主和统治者们都接受别国的使节，予以礼遇，并与之进行谈判，但拥有常驻机制和持续进程的国际关系体系则并没有多么古老。实际上，它是伴随着15世纪末欧洲国家体系的建立而诞生的。"第一个有记载的常驻使团是米兰大公在1450年派往科西莫·美第奇政权的使馆班子。当时，西班牙、法兰西、英格兰和意大利的诸共和国，尤其是日内瓦和威尼斯，都想要压对手一头，在竞争对手的政权中维持常驻使节的必要性日益凸显。当时的使节不仅向国内汇报其驻在国的局势，还经常干涉驻在国内政，暗中资助该国的谋反和叛乱势力，支持在野党，通常尽其所能来促进其本国利益，并在其他国家制造矛盾。潘尼迦甚至颇有趣味地以大仲马的小说为例。大仲马在《阿芒德骑士》等著作中将西班牙大使描绘为政治阴谋的中心，该大使贿赂政党领袖，帮助叛乱势力，煽动皇室内部的纠纷，几乎无恶不作。其他国家的做法也大抵如此。出于这个原因，自由国家对别国的大使充满恐惧和疑虑。在16世纪，很多欧洲君主国对于常驻本国的外国使节显示出强烈的嫌恶感，一如中国清王朝皇帝在1860年《北京条约》前一直坚决反对西方国家的此类要求。在当今时代，这种对外交使团的恐惧和疑虑之情并没有消失。

潘尼迦指出，一直维持到19世纪末的欧洲外交体系拥有自身的一些特征，其间也有些许改变。欧洲的外交官员有着相似的标准，他们彼此了解。这实际上是一个紧密联系的体系，王朝利益、君主雄心，以及维持均势的总体需求被各国接受为普遍利益。只要外交局限于这个关系密切的小圈子，它就能够发展出一整套政治关系学说和国际法体系。国家之间的特定矛盾，比如英法两国在低地国家的争夺，西班牙和法国在意大利的冲突，以及奥地利和普鲁士在德意志境内的争雄，都可以通过这种外交得到较好的解决。在这个过程中，国家可以毫不迟疑地通过有限战争来支持其权利或主张，双方的总司令都诡称对方先开第一枪。对这种家族式外交体系的第一次破坏是俄罗斯进入国际关系体系。第二次，也更为危险的破坏是法国大革命，它无视王朝利益，公开支持其他国家的革命，摒弃了原来的外交关系准则。但是，这种破坏后来得以修补，在1815年《维也纳条约》后，出现了通常被称作欧洲协调（the concert of Europe）的程序体系，原有的国际关系体系得以重建，不过这一次，土耳其成为欧洲体系的完全成员。

从《维也纳条约》签署到第一次世界大战爆发之间的一百年被潘尼迦视为"经典外交的伟大时代"。那个时代一些最知名的政治家，如塔列朗、夏多布里昂、梅特涅、加富尔、俾斯麦、克拉伦登、帕麦斯顿和索尔斯伯里等，不仅是知名的外交家和外交政策制定者，也是历史舞台上的主角。实际上，在19世纪欧洲国家共享和平之际，国家间的关系自然是以公认的国际法准则为基础的，故而外交也享有极高的声誉。同样意义重大的是，在这种氛围下，和平外交成就了很多事情。毫无疑问，战争仍然存在，但它们是由外交促成的用以达成特定目的的战争，而不是后来所说的总体战。1865年的普奥战争就是一个很好的例子。它的目标有限，一旦目标达成，俾斯麦就转而采取外交行动，让普奥两国重归于好，后来这两个德意志国家甚至再度结成联盟。

不过潘尼迦特意指出，在这个时期，通过外交来解决问题的理念也仅适用于欧洲，并不适用于世界其他地区。美国很少参与国际事务。至于亚洲，它被视为不受国际法保护的地区。实际上，亚洲是欧洲外交的议题，欧洲列强因为亚洲而相互间出现了许多矛盾。到19世纪下半叶，远东更是成为欧洲列强角逐的猎物，决定亚洲人民命运的外交更多的是在欧洲开展，而不是亚洲国家的首都。因而，暹罗的命运是由巴黎和伦敦政府之间签署的英法协议所决定。伊朗和阿富汗之所以重要，只是因为英俄两国在此处的竞逐有激化为战争的可能，后来它们的势力范围通过外交手段得以界定和厘清。由于英国需要反击所谓法国的渗透，缅甸丧失了自身的独立；由于列强之间的争夺，甚至日本也不得不承受割地赔款以外的羞辱。亚洲国家不是世界民族家庭的成员，它们仅仅是欧洲列强外交游戏的附属品。美国拒绝参与欧洲事务，伊朗、中国和日本等亚洲国家又过于羸弱，使得外交成为欧洲国家的专有领地。远东的事态不过是欧洲外交效应的反映而已。

但是到了19世纪末，欧洲列强主导的近代外交体系发生了实质性的变化。日本强行加入世界强国之列；在蒲安臣使团出使西方后，甚至清帝国也决定设立驻外使节。蒲安臣（1820～1870），美国著名律师、政治家和外交家，是美国对华合作政策的代表人物。美国开始对太平洋表现出日益浓厚的兴趣，尽管它对欧洲的态度仍然受孤立主义的支配。这个大西洋沿岸的巨型国家的成长深刻地改变了欧洲国家体系。无论是俾斯麦还是索尔斯伯里，这两位19世纪后半叶外交史上最为知名的人物，都无法想象第一次世界大战之后外交所发生的改变。

潘尼迦认为，有三个因素促成了这种变化。第一个因素是俄国革命，它给国际关系带来了一种无法预见的因素。列宁和他的同伴们开始了后来的所谓"新外交"，他们的第一个举措是公布沙俄帝国的所有秘密档案，这是对外交谈判的秘密特性的一记重击。此举的意义可想而知。世界各国都曾在不同的时期，根据紧急情势之需，要求或同意采取一些与民意不符的举动。这些都是秘密进行的，并坚信这些协议、备忘录或主张不会被公之于众。这些文件的公布招致哗声一片，人们感到未来的秘密谈判将变得非常困难，因为一旦其他政党当权，它们有大白于天下的可能性。苏联还基于相互平等的原则与阿富汗及伊朗建立了外交关系，而在当时，这两个国家被认为尚不能享受国际法的保护。第二个具有同等重要性的因素是美国崛起为世界强国，以及拉美国家参与国际事务。第三个因素是亚洲恢复独立及其在国际关系中的反映。当然这种恢复此际还只是一种趋势，并未完全实现。日本当然已经跻身世界强国之列；中国虽然仍处于分裂和贫弱的状态，但已经成为国际关系中的重要因素，在华盛顿会议以及后来国联的辩论中，她以一种无法忽视的道德权威发表自己的意见。暹罗、伊朗和阿富汗也成为国联的成员。外交已不再是欧洲的独角戏。

国际外交格局更大的变化发生在第二次世界大战结束之后。在二战以前，早期国际关系的形式仍然存在，从表象上看，新的国际体系仍是四百多年来欧洲体系的扩展。但是在二战之后，那种外在统一的表象业已破裂。"那种犹如大家庭般的国际社会的表象已不复存在。世界分裂成两大阵营，每个阵营都有两套外交体系，一套适用于自己的阵营内部，另一套适用于阵营之外。过去，即便在最为紧张的时候，国际外交仍然充满了微笑。如今，在两大阵营之间是一种持久的不满。"为何会出现这种局面？潘尼迦认为原因并不复杂："原有的欧洲国家体系，在外交上被称作欧洲协调，已经不复存在。我们所看到的外交关系是伴随着欧洲国家体系在 15 世纪末的成长而产生的。如今，这一体系已经无可挽回地解体了，适用于那个时代的外交也不再适合。我们不得不直面一个伟大时代的终结，新时代并不接受旧时代的体制，两者之间未能达成规范。所以两种外交的分野就不可避免。一种新的外交关系规范尚在孕育之中。"

当然，塑造"新外交"特性的不仅仅是欧洲协调构想的解体，在潘尼迦看来，最重要的单个因素是宣传本质的变化。宣传并不是新事物。古希腊的德摩斯蒂尼就是一位伟大的外交宣传家；欧洲外交大师黎塞留大主教，也非常重视发行小册子和文章来制造于己有利的舆论。但这些都是个案，而不是一个体系的组成部分。利用议会演讲和报刊文章来鼓动国际事务方面的公众舆论，是坎宁对现代外交的创举；而最善于误导本国和外国公众舆论的老手则非俾斯麦莫属。但是坎宁、帕麦斯顿和俾斯麦试图影响的是一个对国际事务有兴趣的小圈子。直到托洛茨基在布列斯特直面德国人，吁求于世界无产阶级而不是其敌国首脑时，"新外交"才付诸行动。从那以后，共产党人的外交在理论和实践上都已取得了巨大的进步，但是吁求于各国民众而非政府首脑的原则仍是其不可动摇的原则之一，无论是以工人阶级团结起来的口号，还是以和平的名义。潘尼迦指出，通过精心地对其他国家的直接宣传以及吁求无产阶级，共产党人扩大了国际关系的范畴。在传统外交的时代，国际关系是政府间的。在新外交中，人们尝试与民众直接建立这样的关系。比如，"美国之音"试图直接向苏联、中国及其他国家的民众进行广播，使他们对美国的生活方式充满向往。这种外交已经在较大程度上成为国际生活中的永久性特征之一，目前在驻外使馆设有新闻参赞和新闻处被视为必须。在有些使馆还设有文化参赞之职，向其他国家兜售文化的努力或许是对这些国家的意识形态宣传作出的反应。

当然，"在对外关系中对其他国家进行宣传并不只是共产党国家的专利，也不是苏联人的创举，任何自认为建立在终极真理上的政权都会不遗余力地进行宣传。"伊斯兰教在自身的强盛时期就这么做，所有皈依伊斯兰教的信徒都感到自己的世俗忠诚已经为信仰所代替。处于政治权力巅峰的天主教曾经使用宣传来反对当时强大的君主国，以致有"世界奇才"之称的腓特烈二世被逐出教会，受尽困扰，他的王朝最终也因此而崩溃。此后，天主教会又竭尽全部宣传力量来对付英皇伊丽莎白。所以说，变化的不是宣传本身，而是宣传手段。如今，全国发行的报纸、能够同时传输至数百万人的无线广播，以及电视、动画等多种手段使得宣传的范围和影响越来越大。

潘尼迦眼中的"新外交"

潘尼迦指出，从广义上讲，外交与国家的历史一般古老；但和平时期国家间日常关系的维持（通过定期的渠道、固定的程序以及公认的方式）相对较新，是 15 世纪末欧洲国家体系发展的产物，因而，狭义上的外交只有五百年的历史。而伴随着欧洲国家体系在 1914 年失去世界政治中心的地位，这种传统外交也在 1914 年宣告终结。从 1500 年到 1914 年，国际外交主要与联盟的构建（以及破坏其他国家的联盟）有关。但它是"不公开"的事务，并不涉及深仇大恨或暴力仇恨，因为君主和贵族统治下的欧洲在根本上是一个共同体，有着根深蒂固的西欧一致的情感。因而，旧式外交是一种友好、人道和礼貌的艺术，在实施时有许多手腕和相互宽容。

"新外交"之新，首先表现在外交范围从区域化走向全球化。"新外交"在 1918 年开始大行其道，此时国际关系开始具有世界性。1918 年以前，中东和远东（日本除外）是欧洲外交的议题和角逐的对象。关于柏林—巴格达铁路的斗争，英俄关于伊朗的协议，中国在 19 世纪的屈辱历史以及"法绍达事件"，所有这些无不显示，在《凡尔赛和约》签订前，远东和中东除了作为列强竞逐的对象，并未参与外交。到 1935 年，中东成为一个独立的政治区域；二战后，亚洲国家陆续获得独立。据历史大师阿诺德·汤因比统计，在 1919 年以前，只有十六个国家正式参与国际事务，其中有十五个是欧洲国家。到了1919 年，这一数目升至四十七个，其中只有二十二个是欧洲国家。到 1949 年，仅联合国的成员国就达到六十个，这些新生国家主要来自亚洲，印度、巴基斯坦、缅甸、印度尼西亚、也门、黎巴嫩和叙利亚等成为联合国的新成员国。所以，国际关系和外交事件不再局限于欧洲国家、美国和日本，世界其他地区也不再是它们竞逐的对象。这是"新外交"的第一个事实。

"新外交"之新，其次表现在旧有均势体系的解体。甚至在二战以前，苏联作为横跨欧亚大陆的强大工业国的崛起就已经颠覆了传统的外交格局。但是在希特勒及其盟友战败后，这种失衡变得更为明显，世界分裂为两大阵营。

"新外交"之新，最后表现在外交原则和方式的变化。原有的外交原则无法适应这种局面，在处理同一社会、经济和政治圈子内国际关系时所熟练使用的方法，在处理两个不同阵营的国际关系时，变得不再适用。外交只能在达成协议的领域发挥作用，而无论其是多么有限。两大阵营间存在着深不可测的鸿沟，因而双方都自说自话，对手根本无法真正理解。自然而然，两大阵营之间的关系根本不受传统外交的支配。那么，这种处理国际关系的新方式具有哪些特征呢？潘尼迦大致归纳出五个特征：

一、越过政府首脑，直接向敌对阵营的民众呼吁。

二、通过动机分析、辱骂和诽谤来抹黑敌对国政府，甚至那些强国首脑的演讲也有这样的内容。

三、禁止社会交往：在共产党国家和"新民主"国家阵营，与未经允许的外国人之间的社会交往被有效阻止；在对立的阵营，共产党人也被视为敌对分子或危险分子，外交关系仅在官方层次予以维持。两个世界之间没有友好交往，两大阵营之间的相互影响被谨慎地减至最小。

四、所有的间接方法都被排除，取而代之的是，经常以最具攻击性的语言提出最大化的需求，并将之作为谈判条件。

五、通过"文攻武备"双管齐下的方式来吓唬对手。西方民主国家的报纸上充斥着攻击共产党国家的言辞。与此同时，苏联塔斯社也持续表达着对美国、法国和英国等国的激烈抗议。

潘尼迦指出："所有这些都清晰的证明，我们生活在一个新国际关系体系正在发展的时期。旧体系的残余仍然束缚着我们的行动。我们试图沿用原有手段，却发现它们并不奏效，除非孕育出新的外交手段，重建国际惯例，否则国家间关系将充满不确定性，容易受到各种无法预见的变化的冲击和影响。"其中，冲击和影响尤为显著的因素是新兴大国的出现，它改变了权力平衡，因而造成了重大的外交危机。德国在 19 世纪的崛起是一个例子；日本是一个更为引人注目的例子，因为它带来的国际情势变化是前所未有的。但在近五百年来的历史中，对国际关系和外交关系最具革命性的事件莫过于美苏两国近乎同时的崛起，并成为两大阵营的领袖。这种外交危机由于中国的复兴而进一步加剧。

潘尼迦高度评价了新中国诞生的世界意义，认为西方国家的外交政策调整落后于国际情势发展。"由于新中国的诞生，过去所有关于远东国际政治的构想突然间灰飞烟灭。在此前一百年里，远东的地位一直是建立在欧美统治的坚实基础上。中国革命的成功意味着这种统治的终结。"不幸的是，西方国家尚未对外交关系进行必要的调整。有两个因素妨碍了西方国家的外交政策调整。首先是对历史身份延续性的幻觉。在欧洲国家的记忆中，仅在数年前，还可以通过炮舰外交来欺凌中国。这些国家难以摒弃这种幻觉，因为这个国家的名字在历史上就一以贯之的叫中国，至今还是如此。因而，西方国家拒绝接受这种变化，需要经过朝鲜战争才能向美国人证明，这是一个新中国，不是它们以前了解的那个腐败无能的政权。其次，还存在种族情感的问题。欧洲优越论仍然阴魂不散。虽然欧洲列强和美国在远东的荣耀已成过去，但让欧洲人和美国人接受这个令人不快的事实并非易事。因而，欧美列强过去一百年里在东方建立的外交体系，现在已经彻底崩溃。

潘尼迦眼中的外宣工作

潘尼迦指出："谈判必然是秘密手段；没有什么比不妥当的宣传更具灾难性；在实践中，当谈判仍在进行时，所有的宣传都不免考虑不周。聪明人会使用宣传来达成他们在谈判中的目标。"在旧式外交中也有宣传，坎宁和俾斯麦被潘尼迦视为精通此道的两位大师，这二人经常不择手段地制造适当的公众舆论来实现自己的政策。尤其是俾斯麦，潘尼迦列举了他有效使用宣传手段的两个著名案例。其一是普奥战争后，在与法国的谈判中，俾斯麦从法国大使那里接收到一封秘密联盟条约草案，在其中，拿破仑三世要求割让部分德国领土。俾斯麦婉拒了法方提议的条约，却很小心地将法方的提议和德方的拒绝交给巴黎的一个反对党报纸。此次披露颇具破坏性，以至于法国外长不得不辞职。还有一次，法国大使贝内德蒂在与俾斯麦的谈话中，起草了一份辅助性的备忘录，其意图是要普鲁士同意法国吞并比利时。俾斯麦保留了这份文件，并在1870年法国宣布对普开战的一周内，将该文件公布在英国的《泰晤士报》上，这有助于获得英国民众对普方的同情。

尽管坎宁和俾斯麦的宣传手法非常高超，但他们试图影响的是一个对国际事务有兴趣的小圈子。到了伍德罗·威尔逊，情况有了根本的不同。威尔逊提出的"十四点计划"，其目标就是要吁求世界各国的公众舆论，既包括美国的盟国，也包括那些敌对的国家。在威尔逊这里，外交成了头等重要之事，应该由民众来决定。他希望外交成为用公开手段达成的公开契约。尽管这样一个引人注目的措施激发了那个时代激进人士的热情，但很显然，从一开始，就无法通过公开谈判来达成契约，在作出重大决策时，高度保密不可避免。巴黎和会"三巨头"之一的法国总理克里孟梭就认为"公开外交"并不值得提倡。公开谈判使得谈判者只顾考虑自己的威望，维持自己的尊严，过于执着于本国的利益和主张，这阻碍了他们根据情势之需作出必要的让步。威尔逊关于建立国联的构想最终也以失败告终，未能获得参议院的批准。最早将政治宣传作为谈判手段的是俄国革命领袖托洛茨基。尽管托洛茨基吁求国际舆论的举动在当时并未收到显著效果，但是他的这一创举成为某些国家外交实践中的长久特征。

由于其对大众舆论的日益依赖，"新外交"的结果之一就是政府相互间交流语言和口吻的变化。在旧式外交中，这种交流是以一种极其礼貌的专门语言进行的。潘尼迦援引了哈罗德·尼科尔森著作中的一些外交辞令：当一国政府"感到有必要考虑自己的立场"，这意味着"友好即将转变为敌对"；当一国大使"持保留态度"，这意味着其政府并不同意；当一国"保持采取自由行动的权力"，这几乎相当于它在威胁、它在考虑采取适当的行动来抵消某个特定政策的效用。所有这些都是外交辞令，但其针对的听众却完全能够领会。当前的外交语言，特别是在联合国这样的公开场合，已经颇具挑衅性，因为这些演讲者并不是说给其对手听的，而是说给其国内民众及其他同情者听的。"无论我们是多么地不喜欢这种变化，有必要强调这并不是源于外交官本人的粗鲁或粗俗，而是因为旧式外交的基本条件已不复存在。"旧式外交是政府间的谈判。使节之间的私交是旧式外交的一部分，常常能在困难时期为国家间关系铺平道路。在开展旧式外交时，要显示出最大的谦恭和礼让。潘尼迦列举了二战期间的一个案例。当时，德国驻土耳其大使冯·巴本先生外出打猎，在某地射野鸭子。在不远处，但在他打猎范围之外，英国和苏联大使也在从事同样的消遣。由于不知情，巴本射杀了一些原本在另一方范围内的野鸭子；他在后来得知此事后，感到非常不安，并通过一个中立国的大使向两个敌对国的大使表达歉意。在旧式外交中，这种礼让是合适的，也确实有必要；但在"新外交"中，这种礼让会被公众视为近乎叛国的行为。

潘尼迦指出，在国际事务的宣传问题上，要对两种宣传进行明确的区分。第一种宣传是为讨论某个有利的议题营造一种适当的国际氛围。第二种是在谈判期间进行的宣传。第一种宣传是有用的，也很必要，如今得到广泛运用。各国外交部都拥有一个专门从事这项工作的部门，并发布大量的文字材料。在战争间隙，宣传有效地影响争端解决的案例不可胜数，德国赔款问题就是颇为知名的一个案例。第二种宣传——谈判期间的宣传——是一种很难奏效的短视之举，除非在某些情况下，即谈判是在易受民众压力影响的全体大会上进行，而不是由训练有素的外交官秘密进行。

宣传通常是由外交部部长而不是外交官来大力进行。政治和议会因素的考量，对本国政策进行合理解释并获得必要的公众支持，所有这些需求使得外交部部长们不得不频繁诉诸宣传手段。当然，这些宣传言辞有时会造成误解和怀疑，并加剧国际关系的紧张状态，但在当今情势下，它们却是不可避免的。没有哪个有名望的外长能承担得起不举行新闻发布会的后果，他也不得不时常大谈国际情谊。对于新闻发布会造成的不良影响，通常是由驻外使节来消除，通过适当的解释、好言慰藉以及淡化处理等。

潘尼迦将宣传与外交吹风（kite-flying）进行了区分。吹风是外交中的一个合法手段，与宣传既有相似之处，又有明显区别。虽然通常使用的媒介是平面媒体，因而容易与宣传混淆，但吹风不是为了造成影响，而是为了测验民意。如果模糊而试探性地提出的建议不为众人所接受，也不会有更糟的后果，外交部长或大使大可以明明白白地否认所有的责任，甚至假装毫不知情。如果各方显示出对该建议的兴趣，那么就可以谨慎地采取进一步的举措，然后或许能有所成就。这是外交部频繁使用的手段，但它要想取得成功，需要手腕和技巧。这方面，主要的报纸和半官方组织经常被使用，因为它们具有隐蔽性，政府易于否认与之存在关联。

三、外交官真实风貌的复原者

作为饱受考底利耶外交思想浸淫，又谙熟西方列强外交内幕的印度精英，潘尼迦对外交的认识同样是赤裸裸的现实主义。他在论述外交的目标和外交官的职责时，无不体现了这一点。不过，作为经验丰富的外交官，潘尼迦极力强调建立友谊的重要性，他还根据自己的切身体会总结出外交官应该极力避免的三大弱点。

对外交的"祛魅"与"返魅"

"祛魅"和"返魅"均源于当代科学哲学。通俗而言，"祛魅"是指对于科学和知识的神秘性、神圣性、魅惑力的消解；"返魅"则是与"祛魅"刚好相反的过程。潘尼迦在著作中对外交也进行了一个"祛魅"和"返魅"的过程。

由于民众一般对外交工作和外交官充满好奇和误解，潘尼迦首先对外交工作进行"祛魅"，竭力破解其神秘感。潘尼迦指出，外交通常被视作神秘而机密的艺术。外交官的一般形象是躲在头衔、豁免权和奢华生活背后，策划阴谋诡计的阴险角色，这种形象放在 18 世纪或 19 世纪上半叶还有几分道理；而今天的外交官，通常而言，只是行政部门一个特定分支机构的成员，外交工作也只是每个独立国家日常活动的一部分。无疑，大使和外长们仍然享有一些他们从前辈那里继承来的荣耀。他们在驻在国仍被待为上宾，享有种种他人享受不到的荣誉、特权和豁免权。但是，那种外交官身着系满饰带的制服和珠光宝气的腰带，身边高朋满座、贵妇如云的情景，只能在奥本海默的小说或其他类似文学作品中才能看得到。

对于外交工作的机密性，潘尼迦也予以一定的"祛魅"。他指出，像所有高级政府谈判一样，外交谈判也予以保密。当然，外交官工作的保密标准更高，这是因为涉及其他国家和政府，或许也因为外国政府一般对探悉其他国家的内情颇感兴趣，并有情报机构专门负责此事。外交使团与国内的通信或者使团之间的通信是通过密码电报或者特别外交邮包来进行的，这增添了外交工作的神秘性。有时各国媒体会泄露一些关于外交的奇闻轶事。比如，英国大使的贴身男仆从该大使的保险柜里盗窃高度机密文件，并将之转手卖给德国大使。经过数个世纪，外交发展出自身奇怪的试探性行话，其中某些最简单的事情也被冠之以最特别的名字，这无疑也增添了神秘感。比如，一国政府接受某人为驻该国大使的任命被称作 agreement。协议、行动方针、普通照会、辅助备忘录，这些措辞听起来颇富异国情调；实际上，它们不过是言辞上的装饰而已，外交官试图以此为他们单调之味的生活抹上体面的色彩。总而言之，在潘尼迦这里，"外交和外交官并没有什么深奥、机密或神秘之处；它是处理国家间关系的正式业务，那些处理人际关系的原则同样适用于外交官，比如公平交易、坦率、愿意妥协、在不作出原则性让步的同时满足彼此的要求。只有培养出友谊，外交才能带来有效的成果"。

尽管外交工作本身并不神秘，可它要面对的国际局势却充满不可预见性，正是后者让外交实现了"返魅"。作为历史学家，潘尼迦深刻地认识到人类历史发展的不可预见性，并就其对外交的影响进行了深入分析。潘尼迦指出，外交部部长和外交官们想必知道其国家的长久利益，并试图将其转化为现实的行动。但是没有人能够清晰地预测哪怕最平常之举的未来效应。比如，科钦王公出于对萨摩林的憎恶，允准葡萄牙人在其领土上设立一个贸易点，他未能料到此举将带来整个印度历史的改变。同样，一心想在沙俄制造喧嚣和混乱的德国当局，允许一辆载着列宁及其同党的火车从德国过境，它未能预料到它所放走的是何种力量。对德国人来说，当务之急是打败沙俄的抵抗，故而将革命者列宁送回俄国看来是颇为高明之举。关于此类外交政策局限性的案例不可胜数，事实上这也是人类智慧的局限性。"尽管无法预知未来是人类永恒的弱点，但是在国际关系领域，它又是有着最为深远的影响。历史谴责那些只顾解决眼前问题，未能考虑长远的外交政策举措。尽管这样的评判可能不公平，因为迄今没有人能预料未来，可那些负责外交政策的人却无法正当地摆脱这样的评判。"

在当今时代，这种不可预见性表现的越发明显："在革命的时代，比如我们生活的时代，通常犹如平静溪流的国际局势变成湍湍急流，其方向、速度和力量均无人能够预测。那些在这个时代担负引导国家命运之责的人士，以及那些在世界各国首都执行其政策的人士经常感到自己是受盲目无情的上天摆弄的无助工具。"人们只要读一读从萨拉热窝谋杀案迄今的外交部部长和外交家们的回忆录，就会意识到他们在应对这些突然间遵循自身历史发展规律的事件时，是多么的疲倦、无助和准备不足。在这种时候，最全面的外交实践知识和对细节最缜密的关注也无济于事。所以，"当我们想要批判这些政治家和外交家在重大国际危机中的行动时，有必要记住这一点。无疑，这样一场危机的接近，就像海上风暴的接近，是可以预知的，也可以采取一些预备措施。但是一旦风暴发生，船长和他的船员们除了挽救船只，等待风暴平息外，几乎难有其他作为。我们这个时代国际关系的主要特征就是国际危机的长期化。它对外交产生了非常负面的影响，当今国际关系不断恶化的直接原因可归结于此。不幸的是，公众根据报纸上的只言片语来判断国家间关系的癖好加剧了这种混乱"。

外交工作的"返魅"还源于国际政治的真假难辨。潘尼迦颇为慧黠地指出，在国际关系中，事情并不是它们看上去那样。外交语言有时能够留下完全错误的印象。一份大谈完全协议的公报可能仅仅是存有分歧的协议。在敌对宣传的烟幕后可能正在进行外交行动，并显示双方对彼此立场有了更好的了解。政治家咄咄逼人的演讲可能完全是说给国内民众听的，适当的说明可能已经提前送交有关国家。墨索里尼是这方面的行家。他总是发表一些言辞激烈的演讲，以打动国内的民众。但与此同时，他告知英法两国没有必要过于悲观，他已准备好以适当条件与两国达成协议。除了这种政治家的行为造成的误解外，国际关系中还有一些肉眼不易觉察到的因素。一个看似非常稳固的联盟可能隐含着根深蒂固的裂痕，而普通民众可能对此毫不知情。比如，在共产党国家和南斯拉夫的最后决裂前，普通民众一直以为铁托元帅是共产党与工人党情报局的骨干成员。从表面看来，主导当时国际局势的三大联盟——北约、苏东集团、中苏联盟呈现出铁板一块般的团结。这些组织内部的冲突和敌意，即便最发达国家消息最灵通的人士也无法知晓。结果，公众通常对于国际局势有一种错误的印象。

那么，不同国家的外交部如何实现"祛魅"，避免"返魅"，得出对局势的客观看法呢？潘尼迦指出，这就是驻外大使和外交部部长们的职责所在。"驻外使节最主要的工作就是让本国政府了解隐藏在国际关系表面下的真实情况。"如果来自外国的报告是客观、公正和仔细推敲的，那么外交部就能及时掌握信息，并作出正确的决策。反之，如果大使和外交代表团的负责人错判形势，或者未能评估出事件的真实意图，结果，由于外交部赖以作出决策的信息是不适当的，它所作出的决策也难免失误。驻外使馆向国内总部提供的不仅是对事实的报告，那种对驻在国日常事务流水账式的记录，他向外交部部长呈交的报告应该也有对驻在国政治、经济和社会形势以及各种力量的相互作用的深入分析，这样外长及其助手们就能够正确地掌握局势，并决定采取何种方式来实现本国的利益。

对外交官的职责剖析

潘尼迦在谈及外交官的职责时，曾举了一个例子。当一个非常知名的大使被要求描述其职责时，这位大使答道：外交官95%的职责仅仅是共同娱乐。潘尼迦认为这虽是个笑话，但距离事实并不遥远。事实就是，外交官的大部分时间都用在了招待驻在国的官员和头面人物，以及被这些人招待，还有就是外交官们之间的共同娱乐。此类行为也被认为是适当而必要的，这从政府用于此类开支的大量拨款就可以看出。不过就算热情好客、交游广泛是外交官生涯必不可少的组成部分，外交官其实另有其他职责。

"通常而言，外交官的工作被描述为维持本国和驻在国之间的友好关系。其职责包括阐明本国政府的政策，消除误解或疑问，消除任何摩擦因素，促进贸易、增进本国利益和协助同胞等。调研和向上级领导汇报驻在国的政策和内在动机、其军事和经济状况、其公共舆论状况和政府的处境。他还必须清醒地认识到第三国的企图和活动，并对其之于本国利益的任何影响保持警惕。"

在阐述外交官的职责时，潘尼迦再次援引考底利耶的《政事论》一书。在他看来，《政事论》已对外交官的职责作了非常详尽的叙述。考底利耶指出，使节应该和敌国的官员交朋友，应该将敌国的军事部署、战争能力、敌军的要塞与本国的进行对比。他还应该查明敌方要塞的规模、国土的面积以及珍贵物品的据点、易受攻击和无懈可击的要点。在得到允许后，使节应该进入敌国的首都，完全准确地按授权来陈述自己的使命，甚至牺牲自己的生命也在所不惜。不要因为敌人显示的尊敬而自我膨胀，使节应该一直留在敌国首都，直到被准许离开。他不应该畏惧敌人的强大，他应该严格戒酒和戒色；因为众所周知，使节在睡觉或受酒精刺激时更容易泄露自己的意图。使节应该通过传教机构及其信徒、商业间谍、伪装成医生、异教徒的间谍或双料间谍，查明支持本国君主的敌国党派各种密谋的本质，以及敌对派别的密谋，除了易受攻击的要点，他还要了解敌国民众对政权忠诚与否。无论使节搜集到何种信息，他应该设法用计对其真伪进行验证。在敌国探听本国情况时，使节不可以帮助验证敌人的估计，他也不可以为了达到某个目的而透露本国君主所采取的手段。使节的职责还包括：传递信息、维持协议、进行最后通牒、广交朋友、进行密谋、在朋友中制造不和、吸收秘密力量；搜集敌国间谍活动的信息、机智勇敢、撕毁和约、赢得敌国使节和政府官员的喜爱等。

潘尼迦对这些叙述完全赞同，并建议外交官们或有志于此者也应好好读一下这本书。譬如对于自己的驻华大使一职，潘尼迦认为自己的主要职责就是增进中印友谊，表达对中国的同情和理解，同时促成中国对印度的同情和理解。为此要定期发布特定新闻和宣传手册，进行公开演讲，并培养与新闻媒体界的良好关系。所有这些都是必不可少的职责。由于一些小事会导致两国间的误解以至于激化成重大矛盾，大使的职责就是要巧妙地处理好这些小事，确保各种国家间事务能够得到公正合法的解决。由于当时有很多印度人因职业或经商等原因而在中国居住，他要保证中国官员不骚扰他们，并在其需要时提供必要的帮助。此外，大使还要将中印两国间的贸易障碍减至最小，以促进两国的贸易往来。虽然所有这些职责都要由大使来承担，但大多数事务性工作是由其下属来完成的。

不过潘尼迦指出，涉及政府政策的事务要由大使直接处理。譬如在担任驻中华民国大使期间，他要不断向本国政府汇报中国政治格局的方方面面。他要了解国民党势力的盛衰变化，国民党对手的力量强弱，政府有多少民众支持，政府金融崩溃的原因何在，国民党军队的真实力量及其弱点，国民党政府的对印政策（尤其是对两国边界的政策）。他还要了解美、苏、英、法四大国在中国的动向，它们的政策意图及其在追求自身目标时对印度利益的影响。"这是一个非常刺激的任务。"在潘尼迦看来，较之于美苏以及其他大国，印度对华外交的资源非常有限。美苏等大国除了拥有驻华大使外，还在中国主要城市拥有领事馆以及情报网；从某种意义上讲，这些国家在中国的传教士和商人也是非官方的情报人员。故而，他们能掌握这个庞大国家每一个角落发生的事情。而印度只在上海设有领事馆，在中国内地也没有传教士和商人，潘尼迦决心积极拓展人脉资源，通过与其他国家使节以及中国官员的接触来掌握信息，以弥补信息渠道的相对不足。

对外交官的弱点透视

潘尼迦还总结出他认为外交官应该尽量避免的三大弱点。热情过度被他视为外交官的最大弱点。镇静而明智的处世态度并不会自然而然产生，而是需要培养。但是，新情势、新视角以及新机遇激发了外交官的热情，他们急不可耐地想要成事，并赢得声誉。无疑，各人对于一些问题都有自己的看法，譬如如何解决当前大国之间的矛盾，如何消除东西方之间的紧张状态，如何推动裁军，如何控制核武器。但是如果忘记这些问题背后权力政治的实质，而仅凭一己之热情去推动它的解决，就可能会让我们的外交部门陷入困境。"基本的事实是外交并非学术训练。外交中的所有议题都在某处隐含着某些权力的成分——这是一个未曾声明的前提；但是对此绝对不可忽视。那些热情过度的人们，其弱点就在于忽视了权力因素，将问题简化为欧几里得式的简要定理。"他援引外交大师塔列朗语重心长的告诫之辞：一个外交官不应该热情过度。

　　外交官的第二个弱点源于其社交生活的肤浅性质。尽管外交官在某个特定国家工作，但是其主要活动范围是一个由其同行组成的非常纯然的"外交圈子"。这是一个小圈子，有着自身的行为准则，自身的礼节，以及自身的偏见和排斥性。在各国首都都有这样的一个小圈了。像所有其他小型社群一样，它也有自己的争吵、矛盾、嫉妒、敌意以及丑闻，这些一般不为公众所知。所以，每个外交官都不可避免地在某种程度上要受到所处的这个社交圈子的氛围和特性的影响，这可能在不经意间影响其对木国国家利益的判断。这种情况的发生频度要高于我们的想象。总之，外交官的看法会受到"外交圈子"氛围的浸染，只有具有异常独立思考能力的人才能够保持其观察和判断的客观性。

　　外交官应该避免的第三个弱点是自以为是。大使被派驻他国，不是为了拨乱反正，也不是为了促进道德、伦理或一般性权利。他的职责仅在于维护其本国的利益，如果他染上了根据本国标准或某些普遍的道德准则来臧否人物、制度甚至事件的癖好，他必然会成为不友好的评论家，这会削弱他增进本国利益的能力。在外交实践中，宽容是被强烈倡导的品质。在判断一国的外交成功与否时，该问的主要问题是该国国家利益的得失，其安全是否遭到削弱，它是否享有其盟国的友谊并为那些不友好国家所敬畏。这些目标是一国外交的努力方向，如果它们实现了，那么即便没有令人瞩目的成就，也没有什么值得忧虑的。实际上，在外交官眼中，没有什么比所谓令人瞩目的成就更令人怀疑了。潘尼迦非常赞同法国政治家梯也尔给外交官的告诫："永远不要指望大获全胜。"

在潘尼迦看来，没有必要奢谈外交中的道德准则，虽然俗语说诚实是最好的政策，但它在好的外交中却是糟糕的道德准则。不过有一点千真万确，如果一个外交官丧失了诚实公正的声誉，他会成为其国家的负担，而本来是指望他来维护国家利益的。譬如，列强通过欺骗，有时能从弱小国家那里获得不公正的利益。潘尼迦以中日之间的《二十一条》为例。条约中有不为中方谈判者所知的条款，该条款规定了日本在华的特权。日本得以渔利多年，但中国外交部门从未忘记也没有原谅日本人的诡计，帝国主义列强与中国关系中的某些敌意正来源于此。

无疑，外交官经常要对不利局势保持乐观，并寻找适当的论点和理由为某些对其他国家造成不利影响的政策和事件作出辩护。在这里，潘尼迦特意提及 17 世纪英国大使亨利·沃顿的著名言辞："大使都是诚实的人，只是为了国家利益才被派到国外去骗人。"美国作家安布鲁斯·比尔斯也曾有类似的讽喻："外交是一种为自己国家的利益而说谎的爱国主义艺术。"在潘尼迦看来，沃顿出此语时，宣传尚未成为各国的主要活动之一，对事实进行各种涂抹尚未提升至国家利益的地位；而如今，大使这方面的活动，即为本国的行为辩护，对事情进行粉饰或极力美化本国，只要不出格，已经被视为合理。

第 4 章

一位海权理论家的印度情怀

在印度，K. M. 潘尼迦可以说是向其同胞们系统地阐述印度洋对于印度安全极端重要性的第一人，而当时仍然埋头于民族斗争的国大党领导人还无暇顾及在地理现实的基础上全面、正确地研究印度独立后的防御问题。作为印度少数具有前瞻性海洋战略思想的人，潘尼迦自 1943 年起便不断鼓吹印度非常需要发展成为一个海上强国，以便能与英国和英联邦一起确保印度洋地区的安全。1945 年，潘尼迦出版了《印度和印度洋：略论海权对印度历史的影响》一书，详细梳理了印度洋海权的历史变迁，强调印度洋对印度未来的重要性，并率先提出建立"蓝水海军"（Blue Water）控制印度洋，试图克服印度防务计划中忽视海洋因素的倾向。该书显示出潘尼迦作为政治家的远见卓识。此外，他还曾在多部著述、多个场合谈及印度的海权问题，处处流露的海权思想为他赢得了"现代印度海权思想奠基人"的美誉。潘尼迦关于印度海权理论的论述，代表着一个殖民地国家独立后对海权的理解，其表现出的学养、远见和敏锐，曾得到著名英国大战略理论家利德尔·哈特的高度赞赏。

一、对印度洋之于印度的历史命题解析

潘尼迦通过对印度和印度洋历史的探悉，努力发掘和宣扬古印度王国控制印度洋的辉煌历史；对于近代以来的西方列强逐鹿印度洋的时代，他形象地称为"印度洋支配了印度"，并认为这一时代是以印度洋沦为"大不列颠的内湖"而告终结。对于这一局面的出现，潘尼迦表现出了比较矛盾的情感：对西方的统治十分厌恶，但其思维有时又不自觉地站到了殖民者的立场上去。

"印度洋上的印度时代"

对于印度民族特性中的海洋色彩，潘尼迦坚信不疑："有人认为印度人对于海洋具有某种传统的反感，这种说法，就印度的北方人来说，或许是对的，若就南方人来说，可就不对了。印度半岛向来就有航海的传统，这一点也可以拿中国的记载作证。纪元前，印度人在南中国海里就有定期的海上交通。"潘尼迦认为，一方面由于季风，另一方面由于文化发达，"印度洋毫无疑问是第一个海洋活动的中心"，早在欧洲爱琴海地区航海事业发展起来以前，"印度半岛沿海人民就是航海行家"，"哥伦布航行大西洋和麦哲伦横渡太平洋以前好几千年，印度洋就成为商业和文化的交通要道了"。

在印度河流域摩亨佐达罗（前3000~前2500）文明遗址中发现的许多物品，包括黄金在内，都是从印度最南的地方运来的，而且只能由海路运来。在印度河谷文化的遗迹中发现的许多实物，是从红海沿岸和印度以外其他地方运来的。据写于公元前4世纪孔雀王朝的《政事论》记载，航运大臣是三十三个部门领导之一，专门负责海运、船运等相关事宜。这表明，在当时，印度就已经拥有了发达的商业与航海系统。此外，在南方的安得拉地区，萨塔瓦哈拉王朝远在公元前 2 世纪就曾同古罗马人保持过海上往来。印度南方曾发现过这个时期古罗马的金币。而从圣经《旧约》中提到的事情可以看出，地中海东部沿岸诸国与印度西部海岸有盛极一时的贸易往来。这些事实表明，从很早开始，印度和外界之间就经由海路有了密切的商业关系。

古印度人航海的触角不仅向西延伸到地中海和阿拉伯海沿岸国家，而且向东伸展到孟加拉湾和东南亚地区。有史料证明，早在公元 1 世纪，"在马来亚、苏门答腊、爪哇，甚至在安南（今越南），确实有过繁荣的印度人居留地，印度跟印度尼西亚也经常有往来。这就清清楚楚地表明，在那以前，人们已征服了孟加拉湾"。

潘尼迦指出，在 13 世纪以前，印度海洋的控制权主要掌握在印度手中。就阿拉伯海而言，这种控制权只意味着航行的自由。而孟加拉湾的情况则有所不同，这个海湾的霸权具有军事和政治双重性，是以各岛屿的广泛殖民地化为基础的，这种霸权只是随着 13 世纪朱罗政权的崩溃才告中断。当然这中间也不断发生变化。从公元前 5 世纪到公元 6 世纪，海上霸权为印度的陆上强国掌控。孔雀王朝和后来的安度罗王朝都是东海的霸主。从 5 世纪到 10 世纪，马六甲海峡的控制权则操在一个伟大的印度航海国手中，这就是以苏门答腊为根据地、历史上知名的室利佛逝。室利佛逝的国王们有一支强大的海军，他们的海军曾不断进攻占婆（今越南中南部）和安南沿岸，被证明相当强大。在大约五百年的时间里，室利佛逝的国王们成了印度洋的主人。朱罗政权与室利佛逝的百年海战削弱了后者的势力，为穆斯林在印度海洋上的霸权开辟了道路。但是直到14世纪室利佛逝帝国灭亡时，印度的海军力量才告瓦解。潘尼迦还有意渲染了一些古印度王国的海上军事扩张："（印度）有些大陆上的强国，利用它们的海军力量来达到征服的目的。7世纪上半叶在位的查拉健王朝的国王就曾率领规模很大的舰队去远征。潘地亚、朱罗和其他诸国也有过强大的海军，而马拉巴尔统治者的海军力量则统治过西岸沿海一带。"

应当指出，潘尼迦列举室利佛逝作为古印度海权的杰出代表其实有些牵强。室利佛逝是7世纪中叶在苏门答腊东南部兴起的信奉大乘佛教的海上强国，是东南亚第一个统一的国家。中国唐代史籍一般称它为室利佛逝，有时简称佛逝或佛齐。宋代以后，中国史籍改称为三佛齐。东南亚的马来西亚等国奉其为本国的历史渊源。作为学养深厚的历史学家，潘尼迦不可能不知道这一点，他的解释是"室利佛逝诸王是新的南印度的殖民者，虽然他们的政权根据地在苏门答腊和马来亚。室利佛逝诸王跟南印度的海军国朱罗、潘地亚和喀拉拉保持了密切的政治关系，并在其一些历史铭文中提到了南印度商业行会的活动。有许多铭文用的是南印度通行的文字。另外，苏门答腊的许多种姓和南印度的种姓一样"。潘尼迦陈述的这些理由，只能说是曲解史实，别有用意罢了。为了宣扬印度历史上的辉煌海上武功，潘尼迦不惜将"南印度的殖民者"视为古印度海权的典范，其政治用意实在有些过于明显。或许在潘尼迦心中，只要能彰显本民族的伟大，即便将殖民者的"丰功伟绩"视为本民族的辉煌历史也毫无顾忌。事实上，潘尼迦在审视西方列强对印度的殖民史时，有时也会在不经意间流露出这种思想。

"印度洋支配了印度"

印度自古以来就与东西方进行着大宗贸易，印度精致的手工业品、纺织品和名贵的香料，以及各方面的繁荣富庶，一直吸引着西方人。室利佛逝灭亡和朱罗从印度历史舞台上消失之后，印度洋的海上贸易几乎完全转到阿拉伯人手里。他们是十四五世纪印度商业的重要转运者，其活动从红海各港口伸展到中国的广州和其他港口。阿拉伯人是印度和欧洲贸易的重要中间人，控制地中海的威尼斯人从红海沿岸的市场把货物运到西方市场。那么，为什么这些阿拉伯人没有掌控印度洋海权，而是西方列强成为印度洋的主人呢？潘尼迦的解释是："这一时期掌握海上霸权的阿拉伯人只是航海商人，他们并不是国家政策的工具，也得不到任何有组织的政府的支持。所以，在葡萄牙人到达卡利卡特以前，印度海洋上没有出现任何海权国。而由于热那亚人和伊比利亚人非常羡慕繁荣的和垄断了印度贸易的威尼斯，他们力图打通通往印度的直接道路，这就是推动 15 世纪下半期伟大的航海事业，引起环绕好望角的航行、美洲的发现以及达·伽马航行到印度的动机。"

1497 年 7 月，受葡萄牙国王派遣，瓦斯科·达·伽马率船从里斯本出发，寻找通向印度的海上航路，船经加那利群岛，绕好望角，经莫桑比克等地，于 1498 年 5 月到达印度西南部重镇卡利卡特。对于这次航海大事件的主角达·伽马，潘尼迦绝无好感："印度航线的发现，从其后果来看，是件大事。但是作为一件探险壮举或海上冒险壮举来看，它并不重要。欧洲列强和印度的直接接触所引起的历史后果以及印度洋的控制权带给欧洲的商业和财富，为达·伽马的成就平添了一种夸张的色彩。记住，绕过好望角航行到印度的计划并不是达·伽马设想的，而是跟他毫不相关。另外，印度也绝不是未知的土地。在达·伽马的发现中，没有什么值得称道的地方，他不配称为伟大的探险家或航海家。他得到的光荣完全由于历史的后果，跟他本人的行为无关。"

葡萄牙是第一个通过海路抵达印度的西方国家，也是第一个正确理解海权概念并在印度洋上发展出适合的海洋战略的国家。葡萄牙人的到来使得印度人失去了对印度洋的控制权。印度人对海洋的控制权在1503年葡萄牙人在科钦取得胜利时瓦解。尽管葡萄牙人在1507年时被位于印度西海岸卡里卡特的统治者萨摩林以及来自埃及苏丹的联合舰队打败，但葡萄牙人在1509年第乌海战中取得大胜，从此葡萄牙人建立起印度洋的控制权。潘尼迦对葡萄牙殖民者阿方索·阿布奎基构建的印度洋防御体系予以高度评价。阿布奎基建成的体系使印度洋得以从三个地点控制起来，这三个地点就是马六甲、果阿和索哥德拉。在企图征服萨摩林失败以后，阿布奎基就向果阿进攻并征服了它和它的紧邻地带，他将这些地方改建成为不可动摇的根据地。此外，他攻取了马六甲，保证了进入太平洋的通路，同时也控制了进入印度洋的东方门户。阿布奎基在征服马六甲并与阿拉干王朝（缅甸阿拉干人建立的封建王朝，1433～1824）建立友好关系以后，他的海洋战略部署完成了。他已开始建立一个以在印度洋中拥有不可动摇地位为基础的商业帝国。总之，阿布奎基的战略可以概括为以下几点：（1）对果阿直接统治，通过通婚将其殖民化；（2）在战略要地设立堡垒和根据地；（3）和有战略重要性的海岸地区的统治者们建立附属的联盟。阿布奎基用这些简单的方法，在印度洋的海面建立了绝对的控制权，这一控制权持续了一百年之久。此外，这一控制权在基本要点上，也就规划了所有进入印度洋的海权国家的主要战略。结果，"从那时到今天，印度洋就支配了印度"。

那么，葡萄牙人又为何会丧失对印度洋的控制权呢？潘尼迦认为，这主要源于欧洲列强海上权势的变化。那个时候海军界有一条不言而喻的道理，即谁能控制大西洋，谁就能控制印度洋；而印度洋的霸权实际上取决于欧洲海岸各国海军的力量对比。不过，由于控制海洋而获得的安全感也是葡萄牙人败落的原因之一。当时，在大海上无人敢与和葡萄牙人较量权力，不管萨摩林的海军将领能在马拉巴尔的边海一带的洋面做些什么，印度的商业是在他们的掌握之中，没有人和他们争锋，特别是由于大西洋唯一的大海权国西班牙的菲利普二世已经成为葡萄牙的国王了。但到17世纪的初年，当荷兰人和英国人一个紧跟着一个来到印度洋面，并且法国人不久也跟着到来的时候，葡萄牙人才猛然地从睡梦中惊醒过来。在西班牙的大海军被打败以后，欧洲国家，特别是荷兰和英国看清了一件事实，即印度海面的葡萄牙人的霸权是可以争夺的。1641年，马六甲为荷兰人攻陷，到印度洋的东门就这样被打开了。尽管阿布奎基的体系并没有破产，但他的后人们却没有能力保护这个体系。马六甲一经落到荷兰人的手里，进攻锡兰就非常容易了。1654年，科伦坡陷落，马拉巴尔海岸一带的较小居留地于1663年落入荷兰人的手里。葡萄牙人的独占贸易最终终止，他们的政权因荷兰人占领锡兰岛而告结束。

在经历了短暂的英荷争夺后，英法开始了对印度和印度洋的百年争夺。英国东印度公司于1603年成立，在相当长的时期以后，法国人也进入这一区域。英国人的利益原来集中在印度尼西亚群岛，但在安波因那大屠杀（1623）以后，英国东印度公司转而关注印度的贸易，主要以苏拉特和马苏利巴塔姆为根据地。印度洋因此成为海权竞争的战斗场，忠实地反映着欧洲权力消长的格局。葡萄牙人退到后面去了，第一个回合是荷兰人同英国人打的，结果因为法国国王路易十四发动对荷战争后荷兰海军力量在欧洲的失败才算结束。在柯尔伯执政时代，法国加入了战斗。这位伟大的法国首相原来主张在锡兰建立法国的势力，为了达成这一目的，法国于 1670 年派遣一支相当大的舰队开到印度来。法国想获得亭可马里，但当法国人到达这个著名的锡兰海港，荷兰人已经捷足先登。于是，法国人在本地治里建立了殖民地。至于英法争夺印度洋霸权的实际战斗，只是在拉·布东雷带领强大的舰队出现后才开始。虽然他打了胜仗，虽然后来苏弗朗也打了胜仗，但由于法国在大西洋的海军力量不能持久，使得印度洋无可争辩的霸权落到英国人手里去了，在《尤特利特条约》以后，英国成为欧洲的主要海权国家和海洋的主人了。

从葡萄牙人在印度洋活动开始，西方列强交替控制着印度洋，同时也主宰着印度的贸易和经济。印度的海洋活动逐渐减少，并局限在部分沿海地区。潘尼迦认为，在 16 世纪初印度失去海洋控制权之后，印度就失去了真正的独立，开始逐渐沦为殖民地国家。等到印度统治者们认识到海洋的重要性时，已经晚了。

"大不列颠的内湖"

英国从 17 世纪进入印度洋后，就开始构建以印度为中心的"东方殖民体系"。英国以英属印度作为其在东方扩张的基地向外扩张，相继征服了印度洋沿岸各地。英国在 1805 年特拉法加海战中大胜法国舰队之后，逐渐确立起对印度洋的控制。到 1815 年，英国已经控制了印度洋的大部分地区：好望角、毛里求斯、印度、锡兰及马来亚的部分地区，后来还控制了澳大利亚。英国人在 1820 年抵达波斯湾，1824 年吞并新加坡，1839 年抵达亚丁。到这时，英国几乎控制了印度洋所有的入口，成为印度洋地区无可争议的主宰者。到 19 世纪中叶，印度洋已经成了不列颠的内湖。潘尼迦对这一时期英国在印度洋上的地位是这样描述的："至于印度洋，这就比别处更像是不列颠的一个内湖了。偌大的印度洋面，其他欧洲国家一点好处也沾不上手，就是在海洋附近的地方，亦复如此。"直到第二次世界大战以及整个大战期间，英国人都在战略上稳定了印度洋，保护了英属印度。战后的印度洋因为英国的实力削弱而受到美国的海空力量的影响，但英国在印度洋的影响和势力仍然存在。直到20世纪60年代中后期，随着国力的衰落，英国的势力才逐渐从印度洋地区收缩。

在英国殖民统治时期，印度接连三次改变了自己的身份。在18世纪末19世纪初，印度被视为掠夺的目标和许多英国人发财的地方。19世纪末，印度变成英国在海外的财产——"英皇皇冠上的宝石"。最后，在第二次世界大战初，印度被看作大英帝国大战略的一个组成部分。但这些转变始终未能给印度提供一个重新发展海洋力量的动力。由于英国牢牢控制了印度洋，其强大的海上力量可以威慑住该地区其他国家海军的入侵或敌意。虽然在两次世界大战之间，由于世界海军竞争成为国际政治中的重要因素，于是英国着手建立皇家印度海军。但作为一支战斗的武装队，它更像是一种象征和开端，因为在印度洋里，难以想象有谁真能在那时向英国霸权挑战。皇家印度海军的直接目标，不过是在印度建立一支部队，承担海岸巡逻任务，同时在印度创造一个海军传统而已。从这个意义上讲，印度自身海军力量的壮大也就没有了任何可能性。

对此，潘尼迦感到非常痛心，乃至从地缘政治学的角度加以解读。他指出，英印政府时期曾经为陆地边界怎样划得正确这个问题作出许多考虑。其中，寇松勋爵最为重视，将其作为值得郑重研究的题目，给边界问题打下了科学基础。追随他的杜兰、霍迪奇、荣赫鹏等也都是地缘政治学的理论家。不过他们基本上都是大陆派。寇松本人也只把海洋当作一个边界，而不是把它当作一个重要的领域来考虑。印度洋自然引不起他和他的那个学派的兴趣。对海洋问题不感兴趣竟达到这种程度，以致印度甘愿放弃亚丁（这是控制印度洋的咽喉要地）的管理权。他甚至愤懑地表示："如果印度本身对印度洋问题都不感兴趣，那么，其他国家地缘政治学家不予重视，也就不足为怪了。"譬如在以麦金德为首的陆权学派那里，欧亚非大陆是"世界岛"，印度洋只是被当作"世界岛"的一个连接区，而在那个世界上，唯一有效的政治边界是太平洋和大西洋。结果印度洋中的地利问题，从来没有人认真研究过。对于印度洋遭到忽视的原因，潘尼迦认为，太平洋战争前的一百年间，印度洋就是一个禁区，国际竞争被排除在外，这也许就是造成忽视的一个原因。此外，从强权政治的观点看，印度洋周围的地区在大战以前的阶段，是不占重要地位的。

二、对印度安全的海权理论解读

"谁控制了印度洋，谁就掌握了印度，印度的自由就只能听命于谁。"这是潘尼迦在其著作中对印度洋与印度关系的最精辟概括。印度洋是世界第三大洋，它既是贯通亚洲、非洲、大洋洲和南极洲的海上桥梁，又是连接大西洋和太平洋的交通要冲，战略地位十分重要。早在一个多世纪前，"海权论之父"马汉（1840~1914）就指出："谁控制了印度洋，谁就控制了亚洲。印度洋是通向七个海洋的要冲，21世纪世界的命运将在印度洋上见分晓。"潘尼迦进一步发展了马汉的观点。在他眼中，印度洋不仅是地理概念，而且拥有更加深刻的政治含义，具有重要的地缘、资源和运输等方面的战略意义。

印度洋之于印度的重要意义

潘尼迦是印度应优先发展海权的坚定鼓吹者，并为此进行了地缘政治理论上的论证。在 1946 年出版的《印英条约的基础》一书中，他运用了麦金德的地缘政治概念，阐述了有关独立后印度防御的想法。潘尼迦指出，印度在地理上占据着半岛和大陆的双重地位。但是作为一个主要的亚洲陆地国家，印度并没有前途，因为以陆地而论，她对控制着心脏地带的苏联来说不过是个无足轻重的附属品。印度不可避免地要与海洋世界结盟。所以，"基本的事实是，印度是个主要兴趣在于海洋的海洋国家。她的确属于边缘地带国家，与大陆的联系相对来说无足轻重。从欧亚大陆观点看，她只是个毗连的地区，为不可逾越的高山所隔开，另一方面，从海空观点看，她则是具有主要战略意义的中心之一。从海洋角度看，她控制着印度洋。从航空角度看，她被称作'航空岛屿'。她是海洋各地区的天然航空转运中心。印度对于海洋国家体系来说是非常宝贵的。而对大陆国家体系来说，她却并不重要"。

在此基础上，潘尼迦深刻地阐述了印度洋之于印度的意义。在他看来，"印度如果没一个深谋远虑、行之有效的海洋政策，它在世界上的地位总不免是寄人篱下而软弱无力"。因此，印度的前途如何，同它逐渐发展成为强大到何等程度的海权国，有着密切的联系。

"印度的安危系于印度洋"。印度在印度洋上的位置，一方面使印度占据了向印度洋挺进的有利地形；但另一方面，印度三面环洋，伸入印度洋一千六百多千米，拥有长达七千六百多千米漫长海岸线的客观条件，又使印度极易受到来自海洋方向的进攻。潘尼迦指出，认真研究一下印度历史上的各种力量，就可以毫不怀疑地认识到，谁控制印度洋，谁就掌握了印度。来自海上能够控制印度漫长海岸线的权威，用武不多，就可以确保其对印度的统治不堕。相比较而言，来自陆上的入侵总是短暂的，它带来了入侵军的占领，但由于印度地广人多，文化悠久，无非是几代以后，征服者落得转化为被征服者完事。印度在其有史的五千年间，曾几番遭到来自陆上的外族征服，这样的征服一时固然引起变乱，到头来却总是以征服者被当地文明的基调同化而告终。然而来自海上的控制却不同。近代以来，西方冒险家与殖民者的坚船利炮从海上打开了印度的大门，葡萄牙、荷兰、法国、英国先后在印度建立殖民地，印度为此付出了惨重的代价。潘尼迦不免感叹："从近三百年的历史来看，任何强国，只要掌握住绝对制海权，又有力量打得起陆战，就可以控制印度帝国。"

印度洋对印度的经济发展十分关键。潘尼迦指出，近一百五十年来，印度的商业地位虽然性质起过变化，但确也有了发展。今天，人们可以通过印度洋来接近它广阔的市场和丰富的天然资源；它近来在工业和商业上的发展无不表明，它必须保持安全的海上交通才行。而且，由于无可改变的地理因素，它在印度洋上的利益也比以往更重要了。一方面，印度洋拥有的巨大能源资源是印度经济发展不可或缺的；另一方面，印度洋海运航线直接关系到印度的经济贸易。因此，印度洋海洋贸易航线的畅通是印度经济发展的必要条件。

潘尼迦指出："印度是一个具半岛特点的国家，它的贸易主要依赖海上交通，这就使得海洋对其命运具有极大的影响。"须知，出入印度次大陆的陆路只有有限的几条，就连西北边境上的一条通道也没有提供什么贸易上的便利。另一方面，印度可用的海路却是四通八达，无远弗届的，因此，谈到海上贸易，再也没有比印度地位更适中的了。然而，在潘尼迦看来，对于像印度这样一个几乎全靠海上贸易过日子的国家，来自海上的控制就好比是用手指掐住了脖子。"如果失去对海洋的控制，她非但有可能被封锁，在经济上被扼住脖子而慢慢窒息，连她的工业中心也可能被航空母舰炸为乌有。……单是控制印度洋便能使印度免遭封锁、海上入侵和利用空袭摧毁其经济生活的灾难。"潘尼迦从历史经验和现实需要中发现了印度洋对印度经济极其关键的作用，也得出了印度要想摆脱其他国家的控制，称霸于南亚，立足于世界强国之林，必须在印度洋取得战略优势的结论。因此，他积极主张，控制印度洋、做"海权国"应成为印度长期追求的战略目标。

新兴力量进入印度洋的危害

在潘尼迦看来，对印度洋安全的威胁，可能来自大西洋和太平洋，也可能来自波斯湾。潘尼迦认为第二次世界大战的许多事实确凿地证明了他的看法。二战期间，印度争夺战的战略区域不在印缅边境，而在马来亚、新加坡和渺无人烟的安达曼群岛。对于保障印度对欧交通来说，至关重要的不是孟买、科伦坡，而是第亚哥苏勒士（马达加斯加岛北端）、亚丁。而二战后英国力量的式微和新兴力量的崛起，让潘尼迦充满担忧和警惕。他告诫自己的同胞：印度洋是未来的一大问题，它以往一百五十多年间（1784～1941）度过的太平日子，现在已被这几年发生的事给彻底打破。今后，如果印度再搞纯粹大陆观点的国防政策，那是瞎了眼。以往倒也确是并不需要什么别的政策，因为当时印度洋可算是一个禁区，或者不如说是英国的一个内湖。只要大英舰队在，印度的安全就有了保障。今天的情形大不一样，印度已经自由了，如果印度在印度洋上的权利不能由印度自己来维护，这个自由可说一文不值。特别要看到，伴随形势变化，英国舰队已无法像以往一百五十年间那样维护其海上霸权了。捍卫印度海岸的职责，现在是再也不能由英国海军来担当了。

对于美国、苏联和中国等新兴力量，潘尼迦充满了戒心，并感叹"海洋是禁地"这个老思想到了该放弃的时候了。日后，美国也罢、中国也罢，甚至苏联，都会在印度洋插上一脚，而其行径又将大不同于瓦斯科·达·伽马到印度以后的几百年间的欧洲各国。

潘尼迦认识到美国已成为二战后"至高无上的海军国"："从它在对日战争中所表现的海空联合作战规模之大，以及从它在海军建设中强调航空母舰的重要，都说明了美国海军可以远离基地作战。它在太平洋上有珍珠港和马尼拉，又占领了从前日本手里的雅浦岛和关岛，真是不可一世。"潘尼迦在1945年提醒他的同胞："美国在阿拉伯、中东、巴林群岛的油权，表明了它同印度洋区域的经济联系正在大大增长"；"美国有些强大势力正向政府强调有必要建立更多岛屿基地以确保美国在太平洋的海军优势"；"美国海军力量早已具有这等势力，使它成了'不可分割的海洋'的任何区域都必须加以考虑的因素"。潘尼迦还讨论了可能将美国吸引到印度洋的其他因素。"由于美国奉行到处'遏制'共产主义的政策，所以各国沿海，凡是共产主义可能插足的地方，此刻都成了与美国安全有关的地区。战后的世界形势给印度洋带来的对立局面如此，它有可能又一次把印度洋变成一个主要的战略性战场。""美国已在中东形成相当大的势力。她在沙特和伊朗——且不说巴林群岛——获得的石油开采特许权就说明在印度洋排水区出现了强大的经济力量。美国将从目前的战争中形成全球的而不是半球的战略思想，所以必须想到美国作为一个主要海军强国进入印度洋的可能性。"

苏联在二战后成为仅次于美国的另一个超级大国，潘尼迦也考虑到苏联经由波斯湾进入印度洋的可能性。他说："虽说德国因为二战战败而归于淘汰，但陆权大国通过波斯湾直插印度洋的可能还是不容小觑。俄国一向有攫取一个自由出入公海的海口的想法，结合现在苏联统治下的中亚细亚政治、工业、军事组织的情况，事情是会有新的发展的"，"在当前的战争中为俄国提供租借法给予的援助而发展的交通线，说明了波斯湾对俄国人的极端重要性……在波斯湾出现具有俄国这样的重要性、资源及固执程度的海军强国存在的可能性本身，便会引起印度洋战略的彻底变化"。

与此同时，潘尼迦还念念不忘来自东方的威胁，主要是中国，也包括日本。他在 1945 年说："二战中，日本迅速攻下新加坡，随后又以槟榔屿、安达曼群岛和缅甸沿岸各港为据点，进而控制孟加拉湾，凡此种种都说明了：来自东方的挑战，恐怕比来自西方的还切近些。日本之被摒除于海军强国之外，这还不能解决问题，因为很难设想中国将来不会注意它的海上地位。中国的基地往南直到海南岛，形势实比日本更胜一筹。再则，整个南部地区到处都有人多势众的中国人聚居之地，一旦中国动手发展起来，也不能排除它从陆地南下进行扩张的可能。"他还就这一点谈到了越南："从战略上讲，这个新兴国家至关重要，因为它地处要津，足以控制南中国海（南中国海俨然是太平洋中的地中海）。越南的政治变化，可能使它同那些有力对它提供援助和海军力量的大国建立密切关系。如果有来自共产党中国或更北的大陆势力（此处意指苏联）侵入这个地区来，这对印度洋防务就不能不产生深远的影响。"他提醒他的同胞：中国人有着悠久的海军传统。在 15 世纪，中国船队访问过印度港口，室利佛逝人的海军力量以及后来在印度尼西亚群岛的葡萄牙人的海军力量，阻止了中国在大洋上的向南扩张。所以"一个恢复了活力和胜利的中国——她的人口不可抗拒地向南方（从东京湾到新加坡）移动——可能成为印度洋的甚至比日本还要大的威胁，因为日本的交通线延伸到了距离她力量的提供地过远的地方"。至于日本，"从长远的观点来看，日本也还不能不作为一个海军强国来考虑。这个岛国，它的利害所在主要当然是海洋。它是不消多久时间，又会变成一个相当强大的海军国"。

对马汉理论的批判式运用

作为现代印度海权理论的奠基人，潘尼迦除了对陆权理论进行批判外，对于海权论之父马汉的海权理论也没有全盘接受，而是进行了批判式的运用。对于马汉"海洋不可分割"的思想，潘尼迦提出了异议。马汉认为，海洋是一个整体，不可划分。然而潘尼迦却认为，科学发明使得陆上强国能够控制很大的海洋区，从而把它变成禁海。首先，潘尼迦强调科技的进步，尤其是空军的出现，对马汉的一国独霸四海论构成了根本的挑战。空军力量在控制海洋方面构成了一个新的因素。它能够超越海洋，它的威力给陆权国家平添了一种武器，其范围和效力势必引起战略部署的重新安排。掌握了天空，对重要领海的控制就比较容易了，因此海洋空间的价值也就得在最广泛的范围内来加以考虑。随着空军足以控制内海所引起的变化，马汉的理论已经站不住脚。若在 19 世纪，面对一支优势的海洋舰队，要保卫"区域海"是办不到的。但今天的情形可不同了：

一支快速舰艇组成的劣势海军，凭借陆上空军，也可以确保广阔海面的安全，尤其是如果其间有分布恰当的岛屿基地，足供飞机升降、潜艇活动的话。"设想将来印度拥有一支规模不大而效率很高、布局周全的海军，因此而控制孟加拉湾和阿拉伯海的要害海区，谁曰不宜？"

其次，潘尼迦强调"印度洋的地理结构特别重要"：因为陆地从三面把这个区域的大部分隔开。亚洲南面成为一道屋脊，非洲大陆成为西墙，而缅甸、马来亚和连绵的海岛保护它的东面。印度洋和太平洋、大西洋不同，它的主要特点不在于两边，而在于印度大陆的下方，它远远伸入大海一千六百多千米，直到它的尖端科摩林角。正是印度的地理位置使得印度洋的性质起了变化。潘尼迦还特意将印度洋与其他大洋进行对比，认为印度洋的这个特点很突出："环绕两极的北冰洋和南冰洋，跟有人居住的陆地没有关系。太平洋和大西洋则从南到北，像两条大道。它们没有隆起的陆地，也没有大面积的陆地伸入大洋中间。从地理方面来考虑，尽管印度洋的面积辽阔，水流和风向都带有海洋性质，它的绝大部分都具有一些被陆地包围的海洋的特征。"

根据这两点判断，潘尼迦对将印度洋打造成印度的保护区域进行了完美设想：如果在适当的地方布置下海空军基地，造成一个环绕印度的"钢圈"，又在圈内建立一支力量强大、足以保卫内海的海军，那么，对于印度的安全与昌盛有关系的海洋就可以受到保护，变为一个安全区。

虽然在一些具体观点上和马汉存在着明显区别，但总体而言，潘尼迦分析印度海权的时候运用了与马汉海权论相似的方法。唯一不同的是，他主要是从印度国家安全的角度来展开分析的。有学者指出，潘尼迦的海权理论不但没有超越马汉海权论的基本原则，反而承袭了将海权及海权的实现问题与海军力量的强弱及海军攻势战略联系在一起的观点，带有为了攫取绝对的利益、谋取绝对权力的典型特征。

三、对印度成长为海权国家的期许

潘尼迦深刻地认识到，第二次世界大战以及南亚次大陆政治生态的变化，对印度洋地区产生了深刻影响："轴心国失败所带来的新时代，从根本上改变了印度洋周围各地区的政治面貌。"印度次大陆在 1947 年分裂为印巴两个独立国家。1948 年 1 月，缅甸宣告独立；同年，锡兰成为自治领。英国从亚洲大陆撤走了，仅在新加坡留下一个立足点。在潘尼迦看来，"过去是一个英属印度帝国控制着整个印度洋各处，现在是，在印度洋这个要害地区，惊涛拍岸，冲击着四个独立国的海疆，它们都有自己的海上打算"。潘尼迦对新独立的印度、巴基斯坦、缅甸和锡兰四国发展海权的潜力进行了比较：缅甸由于缺乏大规模工业化所必需的钢、铁、煤等基本资源，不可能成为一个海权国；锡兰的国防，无论海陆，都没法跟印度分开，它要单独搞成一个海军国是做不到的。当时，孟加拉国还没有从巴基斯坦分离出来。潘尼迦却已尖锐指出，东西两部分遥遥相隔这一事实，会逼得巴基斯坦不得不建设一支强大的海军，因为东西巴之间唯一安全可靠的交通只有海道。但是这些因素本身，却又使其到头来无法成为强大的海权国，巴基斯坦将不得不维持两支可以自给自足、独立作战、互不依赖的海军，这不能不严重影响到它日后在海上的前程。唯有印度最有希望成为印度洋上的海权国家。他因此得出结论：印度洋必须真正是印度的。

印度成为海权国家的基本要素

在潘尼迦看来，1947年印巴分治后，"印度洋对其他国家来说只不过是许多重要的洋区之一，但对印度来说却是至关重要的海域。她的生命线都集中在这个区域。她的未来取决于在这片辽阔的水面上自由航行"。要是不能在印度洋自由通航，印度的海洋不能得到充分保护，便不可能有工业的发展和商业的增长，也不可能保持稳定的政治机构。基于上述理由，潘尼迦得出结论："所以，印度洋必须真正是印度的。"

尽管"印度洋必须真正是印度的"，但独立后的印度是否具备了复兴海洋历史传统、进而成长为海权国家的基本要素呢？

美国海权理论家马汉认为，影响一个国家海上实力的主要因素有六个：地理位置、地形结构、领土范围、人口多寡、民众特征和政府特征（含国家机构）。对于马汉提出的民族特性和国家政策两项，潘尼迦颇不以为然。就民众特征而言，"两次世界大战中德国、日本等国的事迹昭然若揭，海权哪里是上帝对某一优秀民族的恩惠呢！"就政府特征而言，"时至今日，（马汉）这种把海权同政权形式联系起来的看法，是很难站得住脚了"；"马汉似乎认为民主国家平时是不会花钱来造军舰，维持各处的海军站，负担其他海军开支的。但是，美国海军在两次大战期间的发迹，第二次世界大战之后成为最大的海权国，这一切早已打破了他的这个说法"。与马汉不同，潘尼迦认为，海权要素应该加上科学水平、工业能力两条，"对于志在海洋的新国家来说，这两个条件实在比马汉所强调的一些地理和政治因素重要得多"。"一个现代国家，如果要成为强大的海权国，它的航海工程科学一定要极其高明才行，而其他有关方面也得不断随着前进。""这个国家的工业潜力必须十分强大，除了足以制造军舰、辅助舰只之外，还要能生产那些装备和维修这支海军所需的各式各样的东西，如武器、各种科学仪器、无线电、雷达等。"总之，一国如果在以上种种方面都无优势，是不可能称霸海上，确立其海权的。潘尼迦将经自己"修订"的海权要素与印度一一对照：

一、就地理位置而言，印度的地理位置很理想，堪为海权国而无愧，孟加拉湾和阿拉伯海这两个要害区域都在印度掌握之中。

二、就地形结构而言，印度的半岛地形使其影响足以远播海上，印度沿岸海港密布，虽然除卡奇湾之外避风区不多，但总的来说，海防形势很好，大可据以建立一支强大的海军。

三、至于领土范围和人口多寡，对于印度而言更是不在话下。

四、就民族特性而言，印度的海洋历史足以说明，其民族特性合乎发展海权的条件。印度人民有很多从事海上生涯的；即便在印度受殖民统治时期，他们的海事传统也相沿不衰，不仅行舟印度沿海甚至远及伊朗和非洲诸地，而且还在外国船上充当水手。

五、就科学水平和工业能力而言，印度确乎远远落后于欧洲大国。印度的工业要有力量来制造、装备、维修一支强大海军，还得好多年。同样，它的科学工作也需要改进和扩展好多倍，它才能独立承担这些方面的工作。尽管如此，"印度的科学和工业，只要有机会，是可以在较短时间内获得适当发展，从而使印度得以筹划自己的海防"。

同时，一国平时的商业和商船事业，也是和该国的海军实力分不开的；因为它们可以提供训练有素的人力和船运，以应军需。实际上，一国在战时扩展海军所需的技术后备力量，大半要仰给于平时的种种海上活动，如有关商船船坞的工作，如通过商船平日正常活动对航线、港口等等的了解。此外，一国要成为海权国，又非十分精于造船不可，其人民亦须努力从事海外贸易。在这方面，由于受英国统治长达一百五十年，印度没有能够建立起一支商船队伍，只是在独立之后，才认真着手兴建一支小规模的商船队。不过，独立后的印度确已认识到，除非印度重新成为一个造船国，它在海上是没有前途的。

对印度防御政策忽视海洋倾向的批判

潘尼迦关于印度海权理论的论述代表着一个殖民地国家独立后对海权的理解，他对印度防御政策中忽视海洋的倾向进行了严厉的批判，颇有"哀其不幸，怒其不争"之感，并从印度的实际出发，对麦金德、贝洛克等人的陆权思想进行有力的批判。所以，对于印度的海权和陆权问题，潘尼迦始终保持了自己独立的思考。

代表陆军军事传统的英国政论家西莱尔·贝洛克曾表示："在军事上依靠海军力量，终究是要失望，使人上当的。历史上的大决战，开头使用海军的一方，最后总是给陆军打败；不管你给那个海权国家起个什么名字，迦太基也好，雅典也好，或者腓尼基舰队也好，到头来它总归失败，得胜的是陆权国家。""陆权论"的集大成者麦金德也强调海权要依靠陆上基地："汉尼拔是由陆上进攻罗马海军在半岛上的基地的，而那个基地也正是由于陆上胜利才得以保全……英国海上力量的效果如此显赫，也许就会出现一种倾向，它忽视历史上的警告，并笼统地认为：由于海洋是一体的，海上强国在与陆上强国争锋时，无可避免地会取得最后胜利。"

潘尼迦承认，海军力量显然只能征服海洋和守住海洋；只有陆军才能征服和守住陆地。但是，对于主要交通线都在海上的国家，有了海军显然有利。就是对于一个陆军强国，取得制海权也确有好处。它可以随意在任何地方登陆、增援，不断地、不受牵制地从远方运输大批人员。不错，一旦登陆，起作用的是陆军；然而就在这种时候，也不能忽视海军在保护交通、执行有效撤退方面的重要性。从亚历山大从印度撤退到英法的敦刻尔克大撤退，这个观点已经在很多战场上确定下来了。

潘尼迦对印度传统防御政策中忽视印度洋的倾向进行了严厉的批判。南亚次大陆发达的文明、繁荣的经济以及丰饶的物产和财富，使印度在历史上不断地遭受外族的入侵和劫掠。由于印度当时的主要政治体制集中于北部，历史上其战略防御方针主要针对来自西部和北部的威胁，而对印度洋地区和海军建设并不重视。甚至在治国方略上，传统的做法也只是针对北部而言。大部分入侵者都来自亚欧大陆的内陆地区，他们带来了一种强烈的内陆战略文化，在这些入侵者所控制的印度北部地区形成了一种强烈的"大陆性战略倾向"，故而较少关注海洋事务。潘尼迦指出，"在关于保卫印度问题的讨论中，向来有一种忽视海洋的偏向。……认为印度的安全纯系西北边疆的问题，是建立一支足够强大的陆军，来抵抗越过兴都库什山的侵略的问题"，基于这一假设的国防政策主张完全是一种对印度历史的片面看法。

印度的战略思想中对印度洋的相对忽视情况可以追溯到英国统治前。在印度和巴基斯坦独立之前，印度洋和印度次大陆的大部分是由英国控制的。由于英国控制了海洋，印度的战略和防务几乎完全集中于防卫次大陆边界。英国主要着眼于稳住西北边境以及其他边境地区从事骚扰的一些部落。潘尼迦指出："从1784年德苏弗伦逝世到1941年新加坡失陷，在一百五十七年间，支配印度历史的制海权悄悄地完成了。由于印度洋成了英国的一个内湖，所以不发生海权的问题。当时，就像我们呼吸空气一样自然而正常，谁也不想去探索印度洋跟印度国防的关系。结果，重点全放在陆地边疆上了，于是印度的国防就只不过是在西北边疆维持一支强大的陆军罢了。"

潘尼迦认识到了印度存在的海陆双重易受伤害性的困境。他也承认："历来对印度的侵略，大多数却是从西北边疆来的；将来，来自那个地区的侵略也还会有。所以西北边境，乃至东北边境，仍然会成为保卫印度的重要战略区域。"在陆地疆界，他尤其注重来自阿富汗方向的威胁："只要阿富汗区域仍处于无组织和软弱的状态，就不发生印度被侵略的问题。但强大力量一经控制了阿富汗，旁遮普区域不但受到威胁，而且无法避免的政治压力必然趋向于这一地区。印度的历史对这一主题提供了丰富的例证。"当波斯大皇帝的疆域包括喀布尔流域的时候，旁遮普成为波斯帝国的一省。亚历山大所侵略的是属于波斯的印度省。再者，当贵霜帝国在这一区域确立了权力并有基瓦和布哈拉富饶资源作后盾的时候，旁遮普就落到他们的手中。同样的情形也见于短命的匈奴王朝。在沙巴提真及其子马茂德手下所发生的事情，也是类似的。

尽管如此，潘尼迦还是着重批判了印度防卫政策中存在的忽视海洋的倾向。他强调："考察一下印度防务的各种因素，我们就会知道，从16世纪起，印度洋就成为争夺制海权的战场，印度的前途不取决于陆地的边境，而取决于从三面环绕印度的广阔海洋。"

建设印度海军的构想

在撰写《印度和印度洋》一书时，印度尚未取得独立，但潘尼迦已开始为独立后印度海军的发展勾画蓝图。在他看来，印度在海军问题上必须既有其长期政策，又有其短期政策。这个长期政策并不难定，目标应该是使印度成为海权国，足以独立地在安危攸关的海上捍卫本国利益，而执牛耳于印度洋地区。这个目标，只有当印度成为主要的工业国，科学水平、技术能力略同于其他先进国家，才能实现。至于短期政策，只能严格从实际出发，根据印度国民经济的实际状况来加以考虑。潘尼迦将其设定为建设一支区域性海军。作为区域性海军，它的目的在于：确保印度的两个要害海区，即孟加拉湾和阿拉伯海，不受敌人干扰；捍卫商业通道；出击敌人，清除海上的潜艇、水雷，保护航运。这一设想又主要包括两方面的内容：（1）作为一支特遣海军部队在本区域内活动；（2）在全球性海战的战略范围内同友好国家的公海舰队进行协作。

就"建设一支特遣海军部队"这一点，潘尼迦的详细规划是：第一，它应该发展一切类型的海战训练机构。没有足够的训练有素的人员，任何海军，无论大小，都不成器，而现代海军所要求的训练，其类别、范围之繁巨，又非有水平极高的训练机构不为功。第二，就是要搞一些轻型舰艇、快速舰、驱逐舰、轻巡洋舰和辅助舰船。一支小型海军要顶用，这一切都是必不可少的。如果印度海军组织的比较好，这些舰船配备充分，那么战时加以扩展就不难了。第三，印度必须快速发展一支商船队，它既能提供必要的技术储备力量，又可以在战时改为军用。第四，印度必须不惜一切代价发展自己的造船工业，倘若一个国家什么船都得到国外买，还成什么海权国呢！同时，与海军有关的一些地面机构，例如船坞、修理厂等，也都得随之建设起来。第五，对印度这样海岸线特长的国家尤其重要的是，应该建设一支海军航空部队，作为海军的一个组成部分。航空部队的作用不宜与空军的作用相混。空军是独立的军种，其作战目标取决于其他因素。海军航空部队则在于通过进行沿岸巡逻、肃清海上敌踪、空中掩护海军等方面，发挥其在海战中的重要作用。它的主要职责是扫清海道上空，配合海军作战。第六，必须成立一个独立海军部，只有这样，才能使海军问题的各个方面得到兼顾，才能使政治领袖们对发展海军给予足够重视，也才能将建设一支强大海军所必需的种种因素统合起来。

他颇为感慨地指出，独立的印度决心致力于海洋，这是好现象。但历史上有过不少国家也曾醉心海权，当年土耳其固是地中海一世之雄，法兰西几度逞威于海上，而今安在哉？它们的失败，只因当政者虽然看到了海军的重要，而人民却对之不感兴趣，因为历来都是陆军出尽风头，海军只算是二把手。这条教训十分重要。印度若为海权国，单单只搞一支海军部队，任凭如何艺高人强，总是不够的，必须在人民当中创造一种海军传统，一种对海事的浓厚兴趣，一种坚定的信念，即印度未来的伟大在于海洋。

据此，潘尼迦特别强调要强化海军的群众基础，即在群众中创造一种对海军的广泛兴趣和光荣感。就印度而言，昔日伟大的海事传统，久已湮没于土耳其人和莫卧儿人的中亚细亚遗风之中，因此这就更加重要了。学校应该讲授海军史，应该在公众中培养对海外归侨的重视，应该宣传海军及其成就，应该用一切办法有意识地使人们认识到自由的安危系于海洋，应该通过这些工作来纠正国民思想上的片面性。此外，还应该成立一个海军协会，让大家时刻不忘海军的重要；定一个全国性的海军日；利用影院剧场宣传印度过去的殖民史。凡此种种，对于在人民中唤起海洋事业的热情，都是有好处的。

在海军建设方面，潘尼迦尤其反对"保本舰队"的海军战略理论。所谓"保本舰队"理论，即劣势海军应该避免与强敌正面作战，而以潜艇、布雷等活动对付敌人，同时保全舰队实力，待机而作。潘尼迦指出，海军并不是为了保卫海岸而设的。海岸是要从陆上来保卫的。海军的目的在于取得某一海区的控制权，使敌船不能近岸，不能干扰本国对外的通商贸易；并在控制得手之后，反其道而行之，对敌岸进行封锁，对敌船进行歼击。因此，"一国的海军，若只是以岸为家，其结果只不过沦为陆军的一翼而已；印度海军，大也罢，小也罢，切不要忘记这个教训"。"保本舰队"理论的失算，早已由德国人在第一次世界大战，意大利人在第二次世界大战中证实无疑。

同时，潘尼迦敏锐地认识到空军发展对现代海战的意义，及其对印度洋防卫的影响。从萨拉米斯之役直到对马海峡之役，掌握制海权，只在于炮战，只是舰对舰，炮对炮。今天，立体海战却带来了一连串崭新的问题。当然，变化主要在于战术，不涉及海权问题，但是，无论如何，空军（即使以母舰为基地的空军）的极端重要性却已在许多方面动摇了海战思想的基础。无论是英意的大兰多湾海战还是美日珍珠港海战，都是靠飞机才解决了当时的制海权的。在第二次世界大战中，实际上只有三次比较重要的海战是双方列队互击，即1941年英意马塔潘角海战、1942年日军和盟军的爪哇海战和1944年日美礼智湾海战。但即便这三次海战也是立体的海战，不但军舰对军舰，而且还有潜艇、飞机参加。对于印度洋来说，这些事例有其十分重要的意义。印度沿海没有岛屿可供空军活动，而开阔的海岸线上的基地又易于遭到航空母舰的攻击。日本轰炸亭可马里和科伦坡正是这样的，至于美国轰炸太平洋上的日本基地以及最后轰炸日本本土，那就更能说明问题了。诚然，印度外无海岛可作敌机的陆上基地，但半岛形的海岸线太长，要做到处处都有空军基地的保护，确实也难以办到。因此，除非远处的基地如新加坡、毛里求斯岛、亚丁、索科特拉岛等处能稳稳掌握在一个友好国家手中而又能有海军航空部队来保护这些港口，否则印度将永无安身之日。

在印度，潘尼迦的海权思想超越了其所处的时代，故而他在有生之年未能目睹生平主张的实现。但冷战结束后，尤其是进入新世纪后，潘尼迦的海权思想开始大放异彩，在印度政界和军界得到了越来越多的推崇。2007年，印度海军参谋长普拉卡什上将在阐述《自由使用海洋：印度海洋军事战略》时多次引用并充分肯定潘尼迦的海权观点。又例如，潘尼迦曾对葡萄牙人阿布奎基赞赏有加，认为他设计了一套行之有效的控制印度洋的战略。潘尼迦的这一认识在2007年《自由使用海洋：印度海洋军事战略》中得到了重申。这份印度政府关于海洋安全问题的最为权威的官方文件指出："葡萄牙总督阿布奎基早在16世纪初就提出，控制从非洲之角延伸到好望角和马六甲海峡的咽喉要塞是防止敌对强国进入印度洋所必需的。即便在今天，发生在印度洋周边的一切仍会影响我们的国家安全，与我们的利益有关。由于我们的任务区非常广大，必须要对主要利益区域和次要利益区域进行区分，以便聚精会神于前者。"从某种程度上可以说，印度人正经历一个重新发现潘尼迦的过程。

第 5 章

一位大使的中国情结

K. M. 潘尼迦先后担任印度驻旧中国和新中国的大使，这种经历并不寻常。可能是他与印度总理尼赫鲁的亲密关系，使他能在完全不同的情况下两次出任同一职务。外交官的身份使他既能与中国的领袖和各界精英进行广泛的接触，又能与当时其他国家驻华使节保持密切的交流。这种独特的经历使潘尼迦对中国的新旧政权有着深入的观察和思考，并对中国内部的革命浪潮与外部世界之间的相互关系有着比较超然的认识。这一切可见之于潘尼迦记载其驻华大使任期经历的传记《亲历两个中国：一个印度外交官的回忆》。

作为学者的潘尼迦同样非常关注中国，在多部著述中都有涉及中国的内容。除了军政和外交问题外，他对中国的历史文化也有着浓厚的兴趣，曾出版专著《印度与中国的文化关系研究》，专门探讨中印文化交流，以及中印文明与东南亚各国的历史文化关系。潘尼迦在书中特别强调，中印文化往来绝不是单向交流："中印文化交流充满活力，延伸了如此漫长的时期，否认中国文明影响印度是荒唐无稽的。"

一、驻中华民国大使

1948 年，潘尼迦被尼赫鲁任命为驻中华民国大使。虽然曾长期负责印度土邦的外交事务，但那毕竟只是在英联邦范围内。现在要代表印度出使另一个亚洲大国中国，潘尼迦的心情格外复杂。一方面，能代表从数世纪的西方殖民统治下刚独立出来的印度出使他国，潘尼迦感到非常自豪；另一方面，他对于面临的困难也不无担忧，尤其是席卷中国的革命浪潮对印度的影响。总体而言，潘尼迦对自己的新使命还是充满了期待，毕竟中印是世界上人口众多、也极为古老的两个文明古国，中印关系的重要性无须多言，考虑到两国未来的发展潜力，则更是如此。

对旧中国的观察

1948 年前后，当时中国的首都南京有着规模相当庞大的驻华外交使团。各主要国家均有驻华使节，其中澳大利亚、瑞士、菲律宾、阿富汗、梵蒂冈等国派的是公使，其他国家则派有大使。每个大使都配有顾问、秘书、武官以及其他随从，以致形成了接近两千人规模的外国驻南京外交使团。在潘尼迦看来，这个庞大外交使团中最主要的成员有三人：美国大使司徒雷登、英国大使拉尔夫·史蒂文森以及俄罗斯大使罗申。潘尼迦与这三人均有一定的交往。对于后来因《别了，司徒雷登》一文而广为中国人知晓的司徒雷登，潘尼迦虽不怀疑他是"中国和中国人民的无私朋友"，但对其外交才能的评价不高："我一直都感到司徒雷登博士并不真正了解中国的局势，也缺乏将国民党政府引领向正确方向的力量。他之所以享有盛誉，更多的是作为一个道德典范，而非一个高超的外交家。"英国大使史蒂文森则被潘尼迦视作"模范外交官"，他拥有贵族般的外表，又能清醒地认识自身的职责，"作为拥有在多国工作经验的外交官，史蒂文森毫不困难地在每一个节点把握中国情势的发展，并维护英国利益"。至于苏联大使罗申，由于当时中国的国共之争，潘尼迦觉得罗申的角色不免"有些尴尬"，故而后者通常会避免与其他国家的使节来往，"是外交官中的一个隐士"。

此外，对于那些来自东方国家的驻华使节，潘尼迦予以特别的关注。当时除印度外，只有缅甸、泰国、埃及、阿富汗、菲律宾、伊朗等六个东方国家拥有驻华使节，其中缅甸大使和埃及大使与潘尼迦关系非常密切。潘尼迦发现北约集团成员国的驻华使节时常进行政策协商，以维护其共同利益，便和缅甸大使商议，应该加强亚洲国家之间的外交协调。鉴于亚洲国家的团结一致当时还不可能，于是印缅两国驻华使馆率先建立某种联盟关系，随后发现两国使馆在英联邦国家中的地位显著提高。

1948 年底，应蒋介石的邀请，潘尼迦乘专机访问北京，受到了高规格的接待。他在好友胡适的盛情邀请下，前往北京大学演讲；随后又前往其他五所大学或研究机构发表演讲。在此次为期两周的北京之行中，潘尼迦总共进行了十场关于印度问题演讲，其中五篇演讲稿后来结集出版，名为《印度的背景》。

此次访问，北京给潘尼迦留下了深刻而良好的印象。就中国北京、上海两大城市而言，潘尼迦对北京的观感明显要好于上海。他曾表示："有些城市景观宏大丰富，却未能在我们脑海里留下直接或亲切的印象。无论我们在那里待多长时间，熟悉没有孕育出喜爱。据我所知，孟买或上海就是这样的城市，它们对我从未有过任何特别的吸引力。"上海是潘尼迦 1948 年赴任时最初抵达的中国城市。在他看来，"尽管上海是一个拥有极大贸易量的巨型城市，它却从未让我感到它是一个中国城市。当你考虑到它的历史和发展历程时，这一切并不奇怪。这个城市之所以能崭露头角，是由于它与欧洲人的联系。它的建筑和生活方式与法国马赛、美国纽约或英国伦敦等其他大型港口城市并没有太大的差异。我从未见过如上海这般拥挤的城市。即便是那些去过伦敦和纽约的人也会为上海的景象感到惊奇。主干道上车水马龙，川流不息。街道上霓虹闪烁，堪与美国百老汇相比。与此同时，虽然伦敦和其他西方大城市正在经历物资短缺，上海的商店里看来却物资丰盈、应有尽有。富人在上海不缺任何东西。关键是要有钱，而此时的上海正在经历空前的通货膨胀。物价几乎时刻在变化，对普通中国百姓的生活造成了灾难性的影响"。相比之下，潘尼迦认为，在所有城市中，必须要承认，"北京应居于较高的位置"。无论是与伦敦、巴黎等较新的首都相比，还是与德里、罗马或开罗等古城相比，北京都显示出"独特的特质"，"令人难以忘怀"。"北京两千年的历史、五百年帝都的传统以及在中国事务中的枢纽位置也有助于强化它的伟大。"在潘尼迦看来，北京最具吸引力的地方是它的"城市氛围"，"北京的民众与中国其他城市的民众颇为不同"，"他们看起来非常从容不迫"，"在对外国人谦恭有礼的同时却并不好奇"。在自传中，潘尼迦对北京城的历史娓娓道来，如数家珍，从忽必烈始建元大都，到永乐帝营造紫禁城，再到慈禧修建颐和园的始末，从中可以看出他对中国历史下了相当大的功夫。对于故宫、祈年殿、天坛、雍和宫、颐和园等北京名胜，潘尼迦亦颇为熟悉。在北京的诸多寺观中，最吸引他注意的是白云观、千佛寺和白塔寺。

困守南京

在 1949 年初国共和谈开始后，潘尼迦回印度述职，向尼赫鲁汇报中国的真实情况，同时听取尼赫鲁及其他高官的指示。一方面，尼赫鲁等政要毕竟远在印度，不可能了解中国局势的严重性，也无法评估其对印度及周边邻国的影响，所以非常需要潘尼迦亲自回国汇报详细情况。另一方面，在中国即将发生翻天覆地变化之际，潘尼迦对印度对华政策的未来走向充满了担忧。如果中共夺取政权，应该如何和新政权打交道？如果美国和中共交恶，两国外交关系恶化，印度应该采取何种态度？潘尼迦对此心中无数，也很需要回国与尼赫鲁进行商议，听取最高指示。1949 年 3 月 26 日，潘尼迦回到德里，先后面见尼赫鲁五六次，两人商讨了一系列需要解决的问题。

由于潘尼迦的妻小还留在南京，故而他述职结束后立刻就启程返回中国。4 月 18 日，潘尼迦抵达上海，并赶上了前往南京的最后一班火车。较之一个月前离开时，此时的南京发生了极大的变化。国民党政要纷纷逃离，解放军大军渡江在即。4 月 20 日，国民党宣布拒绝接受中共提出的和平条款；次日早晨，各国使节在法国驻华使馆开会，商讨去留问题。此时，解放军已经发起渡江战役，攻入南京城也是指日可待之事。当时有两种选择：一是随国民党政权南下，二是继续留在南京。大多数国家的外交使节不愿意追随大势已去的国民党政权南下，而希望留在南京观望情势的发展。至于潘尼迦，印度总理尼赫鲁已指示他不惜一切代价留在南京。到 4 月 21 日夜，所有国民党官员都已离开南京，南京城进入一种无政府状态，国民党政权留下的许多建筑物被洗劫一空。潘尼迦倒是颇有先见之明，并作了比较充分的准备。他此前已雇用了六十名锡克族警卫，这时刚好派上了用场。从 4 月 1 日起，这些锡克族警卫就接管了印度、英国、加拿大和澳大利亚使馆的保卫工作，后来甚至缅甸和比利时的使馆也由其保卫。这确保了中国新旧政权更替间隙印度使馆的安全。

坚守在风雨飘摇的南京城，潘尼迦已开始思考中国革命的深远影响："只有少数人意识到这一天发生的事情将会撼动整个世界。世界历史的一章终结了。载着那些国民党残部飞离南京的飞机也将他们载入了历史的废墟中。没有人知道新的时代会是什么样的。但我们的确意识到即将发生的变化不仅会影响中国，也会影响世界上的遥远国度和他们的下一代。"对于蒋介石及其政权的失败，潘尼迦有自己的认识。在他看来，蒋介石无疑是个"非凡的人"，"一个受教育程度很低的人，却能在长达二十三年的时间里保持难以撼动的领袖地位，这本身就是对蒋介石非凡能力的证明"，"他具有一些领袖品质，譬如爱国、果断、勇气等"，"在贪腐成风的民国官场，蒋介石保持了自身的廉洁"，"甚至其身边人都开始思想动摇或改变立场时，蒋介石仍然对信念坚定不移"。但是蒋介石政权却有两个致命弱点：一是蒋介石的家人和亲信过于贪腐（在这里，潘尼迦特意提到了蒋介石的内弟宋子文和连襟孔祥熙）；另一个是蒋介石缺乏足够智慧和教养去倾听民众的呼声。"他没能看到普通民众已经发生改变，他们已不再屈服于权威，以至于光靠武力来对付他们是徒劳无功的。" 4 月 23 日，解放军解放南京。潘尼迦称赞这是"意义重大的时刻"，"不仅标志着蒋介石和国民党政权的失败"，也"标志着一百年来侵略中国的欧洲列强的失败"。在他看来，虽然国民党也厌恶西方列强，但抗日战争和随后的事态发展进一步增加了其对美国的依赖，以致最后离开美国就无法存活下去。而中共的胜利无疑标志着西方列强对中国统治的彻底结束。

随着解放军进城，南京的秩序得到了恢复，普通民众的生活得以继续，而潘尼迦等外交人员的处境反而日渐艰难。众所周知，新生的人民政权当时采取了"另起炉灶"的外交决策，即不承认旧中国的外交关系：一是不承认国民党时代任何外交机关和外交人员的合法地位；二是对于驻在旧中国的各国使节，把他们当作普通侨民对待，不当作外交代表对待。毛泽东早在 1949 年 1 月 19 日就提出，"凡属被国民党政府所承认的资本主义国家的大使馆、公使馆、领事馆及其所属的外交机关和外交人员，在人民共和国和这些国家建立正式外交关系之前，我们一概不予承认，只把他们当作外国侨民待遇，但应予以切实保护"。由于南京军管会出台了暂停外汇兑换的禁令，印度使馆一度无钱购买食品，以致不得不向中方借钱度日。那些希望回国的外交人员也暂时无法离开，因为当时海军仍处于国民党的掌控之中，所以没有船只离开上海港，而从南京到上海也需要得到中方的许可和特别安排。由于美国对新中国的禁运和蒋帮海军对大陆的封锁和轰炸，困守南京的潘尼迦等外交人员饱受物资短缺、物价飞涨、通讯中断之困扰。

在这段比较艰难的时期，潘尼迦醉心于文学和著述，以消磨时光。他开始进行个人自传第二部分的写作，并撰写了关于印度前途的《宁静的革命》一书。潘尼迦重拾少年时对诗歌的浓厚兴趣，集中研究了《薄伽梵歌》，还翻译了梵文史诗《库马若降生纪》的若干篇章。此外，潘尼迦还致力于研究中国历史和文学。这种状况持续了约半年之久，直到 1949 年 10 月中共中央发出指令，允许那些不承认新中国的驻旧中国使节回国。随后，潘尼迦在上海登上了一艘英国轮船，经香港启程回国。

二、驻新中国大使

回国后，潘尼迦被尼赫鲁临时安排到公共服务理事会选举委员会任职，等待新的任命。对于承认新中国的问题，尼赫鲁的既定方针是：只要国民党的旗帜还在大陆飘扬，就不能承认中共政权；一旦蒋介石离开大陆前往台湾或其他地方，印度就可以考虑承认新中国。当时，印度政府内部在是否尽快承认新中国的问题上存在分歧。据潘尼迦后来回忆："反对者在内政部有很大的势力，我怀疑，也包括外交部的一些高级官员。"临时政府总督拉贾戈帕拉查里、副总理兼内政部长帕特尔等一批文官均主张暂缓承认中华人民共和国，等待西方国家主要是英联邦国家的反应。潘尼迦、V. K. 梅农和印度驻联合国代表纳辛格·拉奥等外交官则主张尽快承认中华人民共和国。印度议会经过数次辩论后，主张承认新中国并与新中国建交的一派逐渐占据了上风，特别是缅甸政府于 1949 年 12 月致电周恩来总理承认中华人民共和国，从而成为第一个承认新中国的非社会主义国家，这刺激了尼赫鲁，因为一直视自己为新独立国家代言人和强调亚洲团结的印度却落在了另一个亚洲国家的后面。另一方面，1949 年 12 月 10 日，蒋介石离开大陆飞往台湾，国民党政府也在这一天宣布"迁都"台北。有鉴于此，印度在承认新中国方面的态度开始出现转圜。12 月 30 日，印度表示承认新中国。

虽然大政方针已定，但中印建交谈判在近两个月里并没有进展，尼赫鲁一度询问潘尼迦是否愿意担任印度驻巴基斯坦高级专员。就在此时，中印谈判取得突破，并正式建交。中方致电印方，愿意接受潘尼迦为驻华大使。潘尼迦感慨，如果中方的电报晚到了两天，他的职业生涯将会发生根本的改变。在前往北京的旅程中，潘尼迦思绪万千："实际上，除了在南京时结识的苏东集团的外交官，我完全不了解任何共产主义者。我接受的所有教育是西方的激进自由主义，所以……我对一种不尊重个人自由的政治体制并不赞同"，"但我对中国人民有一种深刻的同情，希望他们能联合起来，变得强大，能够推翻一百年来压在他们身上的枷锁，并站立起来。对于他们扫除西方统治带来的屈辱感的急切愿望，我感同身受"。

初见毛泽东

虽然曾担任印度驻华大使，但那毕竟是在旧中国，对于自己的新使命，潘尼迦的内心仍然颇有几分惶恐。"通常的印象是一个新世界正在北京形成，但是没有人敢尝试去猜测它的长期影响，即便是那些反共分子在当时对中国问题也不敢提出武断的意见，尤其是因为没有人亲眼见过新中国的领袖们。毛泽东、朱德、周恩来的名字还只是见诸报端，能完成这么伟大革命的人究竟是什么样的，他们对国际友好和平感兴趣吗，还是只对增强和发展本国感兴趣，抑或他们因为自己的成功而陶醉，会来者不拒？"带着这种好奇心，潘尼迦对于自己的新任务又有几分喜悦，毕竟这让他有机会近距离观察和研究中国历史性革命的余波。

在经历了颇为曲折的旅程后，潘尼迦于 1950 年 5 月抵达北京，并在当月 20 日向新中国领袖毛泽东递交国书。在初次面见毛泽东前，潘尼迦非常激动。"他究竟是怎样一个人呢？像他这样一个在山沟和窑洞的恶劣环境下锻炼出来的英雄，与三亿五千万印度人的解放者甘地和尼赫鲁比较怎样呢？和他的政敌蒋介石比较又怎样呢？"显然，对于这位声名远扬的新中国领袖，潘尼迦的内心充满了好奇和疑问。此前，潘尼迦已阅读了一些有关毛泽东的书籍以及毛泽东本人的一些著作，知道毛泽东的古文造诣很深，是个有独创有卓见的思想家。在短暂的呈递国书正式仪式后，毛泽东与潘尼迦就中印两国的情况谈了半个小时。两人谈到了亚洲的一般情况，以及欧洲人撤出亚洲大陆的问题。毛泽东向潘尼迦指出，只要西方的经济力量存在亚洲一天，亚洲人民就不能享有完全的自由。潘尼迦表示，印度人决心通过开发自己的资源来排除西方在亚洲的经济力量。毛泽东还向潘尼迦询问了缅甸的情况，印度与英国的关系，以及佛教对印度的影响等问题。潘尼迦一一作了回答，并与毛泽东频频为中印友谊举杯。潘尼迦在后来的回忆录中是这样描述毛泽东的："毛泽东的体格魁梧，两肩很宽，脖子粗短，一双仁慈的眼睛，给人一种慈祥、亲切之感；他的容貌极其非凡，宽大的前额，配上那又黑又厚的头发，轮廓非常清楚，给人以深刻的印象；他那威严而又不使人生畏的风度令人觉得亲切自然。总之，他给我的印象是个哲学家，富有想象，但又充满信心。……他来自世界上最能吃苦耐劳的中国农民阶层，所以，尽管他作为这样一个伟大国家的领导人肩负着极其艰巨的重任，却完全胜任有余。"

潘尼迦没有忘记最初的疑问，那就是将毛泽东与尼赫鲁以及蒋介石进行比较，在他看来，"拿毛泽东和蒋介石相比恐怕有些不公平。蒋介石虽然也是个强人，有他自己的性格和意志，但是他无情、自傲、又残忍。因为杨虎城在西安扣留过他，他便把他一家都杀尽，连孩子也不放过，这种做法充分说明他是个记仇极深的人。此外，从来也没有听说过蒋介石是个有文化修养的人。拿毛泽东和尼赫鲁比较也许更恰当。毛泽东和尼赫鲁两人都善于国际行动，而且都有富于理想和幻想的特点。从广义上说，他们两人都是人道主义者。但尼赫鲁的思想渊源于西方的自由主义，这种思想甚至影响到他的社会思想；而毛泽东则是个完全靠自学出来的人，他的历史和经济知识几乎全来自马克思和列宁的著作，对西方那套个人自由主义也许他是很讨厌的。然而他是一个受中国文化抚养长大而且早年受过佛教熏陶的人，也许可以说构成他的整个思想体系的并不只是那些枯燥无味的马克思主义理论"。

"潘尼迦渠道"

对于担任驻新中国大使的经历，潘尼迦在《亲历两个中国：一个印度外交官的回忆》一书中进行了详尽的叙述。总体而言，潘尼迦从亚洲民族反对西方殖民统治的角度，对新中国以崭新的姿态登上国际舞台给予了高度的评价。潘尼迦曾对中国革命作了如下评论：随着革命的中国的出现，"以往远东国际政治的所有观念突然垮掉了。过去一个世纪远东的地位是建立在欧洲和美国的权威这一牢固的基础之上的。中国革命的胜利意味着那种权威不复存在了。不幸的是，西方国家在外交关系上未能作出必要的调整"。潘尼迦认为阻碍这种调整的因素，主要有二：一是对历史的延续性存有幻想。欧洲国家记忆犹新，只不过几年以前，他们的炮舰一出现，中国便会立即屈服；从历史上说，现在的中国还是原来的中国；这种观念进一步助长了他们的幻想。他们拒绝接受中国的变化。直到在朝鲜战场上进行了一番较量，美国人才认识到，这是一个新的中国，是一个同过去他们所了解的那个腐败无能的政权完全不同的国家。二是由于种族偏见，欧洲高人一等的优越感仍未消除，对欧洲人和美国人来说，要其接受他们在东方那段辉煌的岁月已经一去不返这一不愉快的现实，不是容易办到的。

在驻华大使经历中，潘尼迦认为最不能忘怀的是两件事情，一个是中国的抗美援朝战争，二是中国的和平解放西藏。

朝鲜战争期间，潘尼迦曾充当了新中国与美国政府传递信息的中转渠道，被称为"潘尼迦渠道"。朝鲜战争爆发后，潘尼迦曾在定期发回德里的电报中强调，中国会干预这场战争。这些信息通过英国外交部传递给美国政府，但美国杜鲁门政府认为潘尼迦的信息是"可以忽略的"。到1950年10月1日，美国向北朝鲜发出了"最后通牒"，同时纵容南朝鲜军队跨过"三八线"；同日，金日成召见了中国驻朝大使，并致电毛泽东，向中国政府发出了出兵援朝的请求。在作出出兵决策的前夕，中国政府决定作最后一次努力，希望美国不要越过"三八线"，导致战争扩大。但是当时中美之间没有外交关系，于是周恩来想到了友好国家印度。

据潘尼迦回忆：10月3日凌晨，我接到了一个电话，周恩来总理想要见我。周恩来希望通过我传话西方国家：如果美国及其盟友越过"三八线"，中国也将参战；不管发生什么也不论美国有多少原子弹，中国都不允许美国占领北朝鲜并接近中国边境。潘尼迦认为这是一个正式的政策声明，中国必定已完成了参战准备，于是迅即就此事向尼赫鲁发送了一份详尽的报告。尼赫鲁意识到信息的重要性，立即将其内容传达给英国外相安东尼·艾登和美国国务院。艾登非常认可这些信息，美国总统杜鲁门对于周恩来的警告和潘尼迦的评估却相当不屑，认为这不过是"共产党人的恫吓"而已。据杜鲁门回忆录记载，他之所以不相信潘尼迦的电报，是因为"和这个报告有关的潘尼迦先生在过去是位经常同情中国共产党的家伙，因此他的话不能当作一个公正观察家的话来看待。充其量不过是一个共产党宣传的传声筒罢了"。（不过据潘尼迦称，他于1956年在牛津大学遇到了前来领取荣誉博士学位的前总统杜鲁门，杜鲁门对回忆录中的尖酸评价表示歉意，辩称"一个人并不总是知道所有的事实"。)

中国参战后，印度政府致力于促成中美双方实现停战，于是说服中方的任务落到了潘尼迦的肩上。这一时期，潘尼迦经常在中美之间牵线搭桥，譬如将美国人的提议传达给中方，与中方进行讨论，再将中方的意见转交印度政府，由其反馈给美国人。中美谈判过程非常艰难，"潘尼迦渠道"在其中发挥的穿针引线作用是非常值得肯定的。1954年，周恩来总理在接见印度大使梅农时曾表示："在朝鲜战争中，印度主张和平解决朝鲜问题的立场是很鲜明的。驻华大使潘尼迦为实现朝鲜停火做了很多工作，我们把它叫作'潘尼迦渠道'。对此，我们是不会忘记的。"

就西藏问题给政府的决策建议

至于中国和平解放西藏的问题，潘尼迦则与印度政府立场一致，将中国和平解放西藏称为"入侵西藏"。潘尼迦基于印度安全利益认为，英国和此后的印度政府都承认中国对西藏的宗主权，世界各国也都承认这一点，但"这只是国际法上的立场，共产主义势力扩展到西藏对印度而言是显而易见的威胁。因而印度采取的立场是支持西藏的自治，反对中国在此处的军事存在"。为此，潘尼迦数次就这一问题向中国政府提出抗议。譬如，1950年10月28日，潘尼迦照会周恩来总理，表示"命令中国军队进入西藏的决定对我们（印度）是最为惊异与遗憾的"，"在目前的国际情势下，中国军队之入侵西藏不得不被认为是可悲叹的，而在印度政府的经过思考了的判断之下，认为这是不符合中国或和平的利益的"，印度政府只能表示深切的遗憾。

不过，潘尼迦的观点在当时的印度政界已经算是比较克制的。也正因为这一点，他曾在相当长时间内（尤其是 1962 年中印边界冲突后）受到印度国内外许多人士的抨击。在中国进入西藏问题上，印度政府内部当时也存在两派意见。以副总理帕特尔、外交部秘书长巴杰帕伊为首的一部分人，主张对中国采取更强硬的措施。譬如，应该支持将西藏问题提交联合国，并继续向藏军提供武器和弹药。另一派以潘尼迦和纳辛格·拉奥等外交官为首，他们认为暂时不应在西藏问题上采取新的举措，这只会"激怒中国，甚至会损害在更重要议题（朝鲜）上达成协议的努力"。由于其比较克制的态度，他受到印度国内一些政客的指责。譬如，1950 年 10 月 25 日，尼赫鲁曾致电潘尼迦："我们不禁认为，作为大使，你在中国的表现是软弱而谦卑的。为了对中国政府及我们自身公平起见，我们关于入侵西藏及其可能影响的认识应该明确无误地传递给对方。迄今这些显然还没有做到。" 11 月 7 日，时任印度副总理萨达尔·帕特尔致信尼赫鲁："我自己的感受是，在一个关键时期，他们（中国人）成功地给我们的驻华大使灌输了一种错误的信任感，使之相信他们所谓的和平解决西藏问题的愿望。"印度外交部秘书长巴杰帕伊则刻薄地将潘尼迦的抗议与内维尔·张伯伦针对纳粹德国侵占捷克斯洛伐克提出的抗议相提并论，并表示"我们的驻华大使让自己更多地受制于中方观点、中方地图以及对中国的脆弱感情，而不是遵照自己的指示或印度的利益"。

其实，早在担任驻中华民国大使期间，潘尼迦就对西藏问题格外留意，认为与印度"利益攸关"。他曾向国内报告："很有必要调查一下中国在这些地区的政策将会如何执行，以及它们会如何影响印度的利益。""中国（中华民国）政府最近的外交举动（譬如废除1908年中英续订《西藏通商条约》）清晰体现了一个强大中国中央政府可能的努力方向。不仅是麦克马洪线，从拉达克到缅甸的整个边境都可能成为新的争议地区。""中国人将在目前已被承认的宗主权的基础上努力完全进入西藏，中印在西藏的边境领土争端将再次出现。""据说西藏当局已清醒意识到这种危险的可能性。现有信息推导出这一结论，如果国民党政府倒台，西藏会公开宣布独立，并要求印度、英国和美国的承认。英国一向倾向于西藏的独立，如果情势变化，美国也不会犹豫。如果外藏的独立主张能得到英国、美国和印度的承认，就有希望将新生的共产党中国阻隔在印度边境之外。"

由此可见，潘尼迦在中印争执中比较温和的主张与其说是出于对中国革命的同情和好感，不如说是缘于他对中印两国力量对比及国际形势发展的冷静分析。在观察国际形势时，潘尼迦是个彻头彻尾的现实主义者，视力量关系结构为理解国际局势的关键，我们当然不会相信这位冷静的外交官会将中印友谊或亚洲主义意识置于印度的国家利益之上。更何况，虽然潘尼迦在中国事务方面对尼赫鲁具有巨大影响，但具有最终决策权的还是尼赫鲁本人。当时，前印度驻尼泊尔大使曾经向尼赫鲁呈上与潘尼迦的意见完全相反的局势评估报告。尼赫鲁最后采纳了潘尼迦的意见，或许因为这更符合他本人对局势的判断。

在看到中国政府已决定和平解放西藏后，潘尼迦开始敦促本国政府，将军队推进到"麦克马洪线"，以确保边境安全。在潘尼迦看来，"如果中国在西藏掘壕坚守，我们的东北部边境安全就会遭到损害，这也是我主张在此处增强防御的原因"。事实上，早在1947年，他就曾在《印度季刊》刊文论述中印边境的防御问题。他在论文中指出，在出现了空中力量的时代，喜马拉雅山的保护屏障作用已不像过去那样有效，"如果按照纯地理的定义把喜马拉雅山看作仅有一百五十英里宽度的山脉，也就是说，如果有可能将山脉孤立起来，忘掉北面的（西藏）高原，那么，喜马拉雅山脉尽管高不可言，也不会成为一个有效的屏障"。他极力主张"在喜马拉雅山脉两侧建立更大的无人地带，便可为印度半岛提供在不受干涉的情况下发展其防御潜力的足够地区"。潘尼迦后来在回忆录中甚至不无得意地表示："从中国军队进入西藏的那一刻起，我就已意识到问题的严重性。我不仅在电报中将自己的担忧告知政府，还在自己的著作《印度历史中的地理因素》一书中明确强调了这一点。"

千秋功过，后人评说

印度在 1962 年的中印边界冲突中惨败，全国上下经历了巨大的心理落差。他们原来对印度的军事力量充满自信，未曾想到在中国军队面前竟如此不堪一击。民众的惶恐、失落和愤怒之情需要宣泄，于是他们开始大肆抨击尼赫鲁政府的对华政策和国防政策。在这一过程中，政界和舆论界的反对派们起到了煽风点火和推波助澜的作用。作为政府总理的尼赫鲁自然饱受抨击，印度国内的反对党领袖们也开始竭力寻找其他替罪羊。最后，作为尼赫鲁非常倚重的主要外交政策顾问之一，潘尼迦"光荣"入选（另一位是 V. K. 梅农）。

潘尼迦受到的指控实在是多种多样：潘尼迦在担任驻中华民国大使数年后，又不适当地继续担任驻新中国大使，他是一个"投机主义者"；潘尼迦并不了解中国人的心理，他错误地将共产党中国的建立视为亚洲崛起的连续性事件之一，未能认识到中国新政权共产主义和"专制主义"的本质；他幼稚地期望毛泽东能在冷战中保持独立立场，尽管此前毛泽东已经公开声明中国将奉行"一边倒"外交政策；他轻信中国人关于中印友谊的言辞和和平解决西藏问题的承诺；他曾建议尼赫鲁不要提出边界问题，以及要求中国接受"麦克马洪线"作为印度承认中国对西藏"宗主权"的前提条件；正是听取了潘尼迦的建议，印度政府才指示驻联合国代表反对西藏关于抵抗中国人"侵略"的请求；1950年10月，中国军队进入西藏后，印度政府曾提出强烈抗议，但潘尼迦却说服尼赫鲁发出一份更为温和的照会，并最终承认了中国对西藏的主权。更有批评人士认为，在印度政府递交给中国的备忘录中，最初只承认中国对西藏的"宗主权"，是潘尼迦将其改成了"主权"。

1987年，印度著名学者卡鲁纳加尔·古普塔出版了名为《中印关系，1948~1953：K. M. 潘尼迦的作用》的专著，对上述各种批评进行了细致的分析，对潘尼迦在中印关系中的作用进行全面评估。事实上，早在1956年，古普塔就在《印度外交政策》一书中对潘尼迦予以高度评价："他是这个时代的史学巨匠，既是伟大的学者又是伟大的官员，早在1943年，他就在著作《东南亚的未来》中为新印度的外交政策奠定了理论基础，而印度还要到数年之后才能活跃在国际舞台。在印度外交部存在强大的反对势力以及盲目的爱国主义的情势下，潘尼迦为印度与新中国关系的稳步发展作出了独特的贡献。此外，他在推动朝鲜问题和平解决方面所扮演的角色迄今仍未被许多学者知晓。"

在时隔三十年，潘尼迦的形象虽然经历了种种扭曲和质疑，但古普塔并没有改变当初的认识，他明确指出："印度本国和外国对于潘尼迦驻华大使一职的批评绝大多数是恶意捏造的”；“作为一个代表印度出使两个中国的外交家，潘尼迦获得了毁誉参半的名声。他对印度外交的贡献，只是在印度政府公布外交部有关 1948 年至 1952 年他在中国担任大使时期的秘密档案时才能作出适当的评价。尽管这样，我们还是发现印度的外交政策——特别是在它的形成时期——带有他的思想印记”。当然，过分强调任何一个官员对形成印度外交政策的影响都是错误的，因为它基本上是由尼赫鲁自己制定的。无论如何，“现在应该是对潘尼迦这样一位如此多姿多彩但有争议的人物的生涯进行学术研究的时候了，特别是因为我们对我国外交政策基本前提的反思已经开始”。

附　录

年　谱

1895 年　在印度喀拉拉邦出生。

1914 年　赴英国求学，考入牛津大学。

1918 年　回国，与自己的表妹结婚。

1919 年　到阿里加尔学院任教。

1921 年　出任穆斯林大学（原阿里加尔学院）历史系主任，与圣雄甘地结识。

1922 年　辞去教职，担任马德拉斯报纸《自治》的编辑，两年后辞职。

1924 年　曾短期充当圣雄甘地的信使，随后在德里创办《印度斯坦时报》，一年后辞职。

1925 年　再次赴欧洲求学。

1928 年　出任克什米尔土邦顾问。

1931 年　出任王公院秘书兼帕蒂亚拉土邦外交部长。

1939 年　出任比卡内尔土邦外交部长。

1942 年　出任比卡内尔土邦首席部长。

1945 年　以印度代表团成员身份参加联合国成立大会。

1947 年　当选比卡内尔土邦参加印度制宪会议的代表，也是印度土邦中的第一位代表。

1948 年　出任印度驻中华民国大使。

1950 年　出任印度驻中华人民共和国大使。

1952 年　被授予德里大学荣誉博士头衔。

1952 年　出任印度驻埃及兼苏丹、巴勒斯坦、叙利亚、约旦和黎巴嫩大使。

1954 年　回国，到土邦重组委员会任职。

1956 年　用半年时间参与联合国教科文组织《人类史》的编纂工作。

1956 年　出任印度驻法国大使。

1959 年　因病回国。

1960 年　出任查谟—克什米尔大学副校长。

1963 年　在迈索尔去世。

主要著作

（一）英文著作（括号中为该著作的首版时间）：

1. *An Introduction to the Study of the Problems of Greater India* (1916)

2. *Essays in Educational Reconstruction in India* (1920)

3. *Indian Nationalism：It's Origin，History，and Ideals* (1920)

4. *Imperialism* (1922)

5. *Sri Harsha of Kanauj：A Monograph on the History of India in the First Half of 7th Century A. D.* (1922)

6. *An Introduction to the Study of the Relations of Indian States with the Government of India* (1927)

7. *The Working of Diarchy in India，1919-1928* (1928)

8. *Malabar and the Portuguese* (1929)

9. *The Evolution of British Policy towards Indian States，1774-1858* (1929)

10. *Federal India* (1930，合著)

11. *Malabar and the Dutch* (1931)

12. *Indian States and the Government of India* (1932)

13. *Lectures on Inter-statal Law* (1934)

14. *The New Empire：Letters to a Conservative Member of Parliament on the Future of England and India* (1934)

15. *The Indian Princes in Council：a Record of the Chancellorship of His Highness，the Maharaja of Patiala，1926-1931* (1936)

16. *Biography of the Maharaja of Bikaner* (1937)

17. *Origin & Evolution of Kingship in India* (1938)

18. *Hinduism and the Modern World* (1938)

19. *Indian States* (1943)

20. *The Future of South-East Asia* (1943)

21. *The Strategic Problems of the Indian Ocean* (1944)

22. *India and Indian Ocean: An Essay on the Influence of Sea Power on Indian History* (1946)

23. *A Survey of Indian History* (1947)

24. *Indian Constituent Assembly* (1947)

25. *India through the Ages* (1947)

26. *Regionalism and Security* (1948)

27. *Asia and Western Dominance* (1953)

28. *Basis of Indian Culture* (1955)

29. *Geographical Factors in Indian History* (1955)

30. *In Two Chinas: Memoirs of a Diplomat* (1955)

31. *Indian Doctrines of Politics* (1955)

32. *Indian Inheritance* (1955, 合著)

33. *The Principles and Practice of Diplomacy* (1956)

34. *The Afro-Asian States and Their Problems* (1959)

35. *Common Sense about India* (1960)

36. *Problems of Indian Defense* (1960)

37. *The State and the Citizen* (1960)

38. *Hindu Society at Cross Roads* (1961)

39 *The Voice of Freedom: Selected Speeches* (1961, 合著)

40. *In Defense of Liberalism* (1962)

41. *The Determining Periods of Indian History* (1962)

42. *Studies in Indian History* (1963)

43. *The Foundations of New India* (1963)

44. *The Himalayas in Indian Life* (1963)

45. *The Ideas of Sovereignty and State in Indian Political Thought* (1963)

46. *Essential Features of Indian Culture* (1964)

47. *Hinduism & the West* (1964)

48. *Lectures on India's Contact with the World in the Pre-British Period* (1964)

49. *India: Past and Present* (1964)

50. *History of Mankind* (1966, 合著)

51. *An Autobiography* (1977)

52. *Caste and Democracy & Prospects of Democracy in India* (2004)

（二） 马拉雅拉姆语著作（括号中为该著作的类型，出版日期不详）：

1. *Balikamatham* (诗歌)

2. *Bhupa sundesam* (诗歌)

3. *Chatookti Muktavali* (诗歌)

4. *Chintatacrangini* (诗歌)

5. *Ganhharia at Kurukshetra* (诗歌)

6. *Hyder Naik* (诗歌)

7. *Noor Jahan* (诗歌)

8. *Prema Geeti* (诗歌)

9. *Rasika Rasayanam* (诗歌)

10. *Sandhya Ragam* (诗歌)

11. *Swatantrya Sourabham* (诗歌)

12. *Dhooma Kethu* (小说)

13. *Dorassini* (小说)

14. *Parangi Patayali* (小说)

15. *Kalyana Mul* (小说)

16. *Kerala Simham* (小说)

17. *Kavita Tattva Nirupanam* (文学评论)

18. *Bishman* (戏剧)

19. *Dhruva Swamini* (戏剧)

20. *Mandodari* (戏剧)